LA FONTAINE

SAINTE-CATHERINE.

III.

Tom. 3.

N'oubliez pas que je m'appelle Il Sosio !

LA FONTAINE
SAINTE-CATHERINE,

Par M. Ducray Duminil.

Ornée de quatre figures.

Tant que cette eau coulera lentement
Vers ce ruisseau qui borde la prairie,
Je t'aimerai, me répétait Sylvie.
L'eau coule encore, elle a changé pourtant!
Florian.

TOME TROISIÈME.

A PARIS,

Chez Ménard et Raymond, Libraires, rue
des Grands-Augustins, n.° 25.

1813.

LA FONTAINE
SAINTE-CATHERINE.

CHAPITRE PREMIER.

Egarement, confusion.

« Miséricorde, madame la marquise ! miséricorde ! notre chère demoiselle Inèsia n'est plus au couvent ! »

C'est la bonne Micheline qui entre, toute effrayée, chez madame d'Arloy, et qui lui apprend cette triste nouvelle. Comment, s'écrie la marquise, Inèsia aurait quitté le couvent ? — Elle n'a pas pu le quitter volontairement... enfin elle n'y est plus ! — Depuis quand ? — Depuis hier soir. Madame la supérieure est dans une inquiétude mortelle de ne l'avoir pas vue rentrer de la nuit. — De la nuit ? cela est-il croyable ! Inèsia ! elle est donc sortie, hier soir ? — Oui, madame. — Seule ? — Oh, non. Voilà comme j'ai su cela. Tout à l'heure, j'étais allée au couvent pour voir cette chère Inèsia, pour causer avec elle, pour la consoler. Madame la supérieure m'aborde de l'air le plus troublé, en me disant : Dame Micheline, quand on garde une de nos sœurs toute une nuit chez soi, on doit au moins m'en prévenir. — Comment, lui dis-je, madame ? — J'allais envoyer chez vous au moment où vous êtes entrée ; il paraît que votre maîtresse n'est pas bien, et que la Sœur Sainte-Rose aura veillé près d'elle ? — Mais, madame, ma maîtresse se porte de mieux en mieux, dieu merci, et n'a pas besoin qu'on la veille, la nuit. — Vous me trompez, madame la marquise était hier à la mort? — Qui vous a dit cela? — On est venu chercher Sœur Sainte-Rose de sa part. — Encore une fois qui? — Mais votre ami, son tuteur, M. le baron de Salavas. — Monsieur le baron est venu? — Il était huit heures passées, nos dames allaient se retirer dans leurs cellules; Sœur Sainte-Rose était déjà dans la sienne. M. le baron arrive, pâle, décontenancé; il me demande la faveur de dire un mot à sa pupille. Je la lui refuse; à cette heure! il me dit que madame la marquise vient de se trouver mal, qu'on désespère de ses jours, qu'elle veut absolument voir sa fille adoptive, avant d'expirer. Vous sentez bien que je ne puis m'opposer à un vœu si légitime. Je suis montée avec le baron chez la Sœur Sainte-Rose; que cette nouvelle a consternée; elle faisait d'abord quelques difficultés pour sortir à l'heure qu'il était ; mais je l'y ai déterminée, en joignant mes conseils à ceux du baron, en lui persuadant que son devoir l'obligeait à fermer les yeux à sa bienfaitrice, et ils sont montés soudain, tous deux, dans une voiture qui les attendait à la porte. Jugez de ma surprise quand on m'a appris, ce matin, que Sœur Sainte-Rose n'était pas encore revenue ! J'allais, vous dis-je, envoyer chez vous, croyant qu'elle y était encore.

« A ces mots, qui me glacent d'effroi, je réponds à la supérieure : Mais elle n'y est pas venue, ni hier soir, ni ce matin. Madame ne s'est point trouvée mal, et le baron a inventé cela pour enlever Inèsia.—Pour l'enlever, Jésus-Maria ! il en serait amoureux, à son âge ?—Il l'a enlevée, non pour lui, mais pour un autre ; c'est pour ce jeune homme nommé Léonardo, qui vint l'autre jour avec lui.... Il est amoureux fou d'Inèsia ; il a juré qu'elle serait sa femme, et le baron le sert ainsi en nous enlevant Inèsia.—Que dites-vous ? savez-vous que le seigneur Léonardo, dont vous me parlez, est un grand personnage. Hom ! s'il ne m'avait pas donné son nom sous le secret !... mais j'ai promis de le taire. En attendant, voilà un beau scandale dans cette sainte maison ! je cours me jeter aux genoux de monseigneur, et le supplier de calmer son courroux. Oh, il va être furieux !

» J'ai laissé cette digne femme se préparer à cette démarche, et je suis venue vous apprendre, ma chère maîtresse, que nous avons perdu Inèsia. Le baron, oh, c'est clair, le baron aura abusé de votre nom pour l'enlever ».

Voilà, dit la marquise, ce que je prévoyais; ce que je craignais; aussitôt que j'ai appris, par Inèsia, que ce jeune Léonardo était amoureux d'elle, j'ai tremblé; j'ai même fait part de mes craintes, tu le sais, à cet hermite Fulgence. Il la croyait bien en sûreté au couvent des Dames Hospitalières. Bien en sûreté! vous voyez qu'avec un prétexte très-facile à imaginer, on l'a fait sortir de cet asile. Comment se fait-il que toutes ces circonstances se rattachent encore à ce faux hermite (car je suis sûr qu'il n'a pris qu'un déguisement) ? Par lui, je perds mon fils, et c'est encore un de ses amis ou ennemis qui m'enlève mon Inèsia! Qu'avons-nous donc fait tous à cet homme.... méchant, ou dont la maligne influence se répand sur nous pour nous accabler de malheurs ?..... Tu pleures, bonne Micheline ?

Micheline répond en sanglotant: Nous ne reverrons donc plus notre chère demoiselle ? — Viens avec moi, Micheline, allons, comme madame la supérieure, nous jeter aussi aux genoux de monseigneur. Il est puissant ; il saura réprimer un tel attentat, commis sur une jeune novice et dans son diocèse. Oh, ce vil baron n'est pas chez lui sans doute, non plus que son Léonardo ? — Je l'ai demandé à l'hôte en rentrant ; tous deux, m'a-t-il répondu, sont partis depuis hier, et ne sont point rentrés de la nuit. Ils ont même payé et quitté leurs logemens. Vous voyez bien que nous ne nous trompons pas. Voyons monseigneur ? — Oui, allons-y de ce pas ?

La marquise et Micheline volent au palais primatial, et déclinent leurs noms; on les introduit sur-le-champ dans le cabinet du prélat où elles trouvent madame la supérieure assise auprès de lui. Vous venez, leur dit le sage Ayrard, pour la même affaire que madame. Marquise, je vous plains bien! sur-tout d'avoir fait la connaissance d'un monstre tel que ce Salavas. Il livre lui-même à un ravisseur sa propre petite-fille, car je sais tout!

La marquise et Micheline se prosternent à ses pieds, en s'écriant: Justice, monseigneur, justice? ou vengeance?
— La vengeance n'est pas de mon caractère; mais pour la justice, femmes infortunées, vous méritez de l'obtenir. Il est pourtant des hommes que le sort a placés dans une sphère, où ils peuvent commettre impunément

tous les crimes. Que dis-je, ces crimes changent de nom quand ce sont eux qui s'en rendent coupables ! Triste privilége des grands sur la terre, et qui n'en sera pas un dans le ciel ; ils y seront jugés, au contraire, avec plus de rigueur que les petits, puisqu'ils savent bien qu'ils sont criminels avec impunité.... Léonardo est de ce nombre. Je ne puis vous le désigner autrement que par ce nom insignifiant de Léonardo ; mais je crains bien que toute ma puissance n'échoue contre lui, sur-tout s'il est sorti de France. A présent ! oh, il n'y a pas de doute qu'il soit hors de France. Il aura emmené sa victime en Italie.

La marquise répond : En Italie ! est-ce qu'il n'y a pas, monseigneur, des lois en Italie, comme en France !
— Il y en a sans doute... je les invo-

querai... je ne dis pas non. Je verrai... j'écrirai... laissez-moi faire ; je vais m'occuper de cette affaire avec la plus grande activité. Quant à madame la supérieure, il n'y a nullement de sa faute dans tout ceci. Le prétexte qu'a pris ce Salavas était trop vraisemblable ; tout le monde y aurait été trompé. Comme il ne serait pas juste que l'honneur de sa maison en souffrît, veuillez consentir, marquise, à accréditer le bruit que c'est vous-même qui en avez retiré mademoiselle d'Oxfeld. Vous quitterez la province et serez censée avoir emmené avec vous votre fille adoptive. Il y a des occasions où l'honneur lui-même se permet de légers détours pour sa propre conservation. En attendant, je vais faire suivre les traces du ravisseur, si je le peux ; nous saurons du moins où le trouver,

La supérieure du couvent, satisfaite de l'indulgence du prélat, et des promesses que lui donne la marquise de suivre le conseil du sage Ayrard, se retire, soulagée d'un grand poids.

A l'instant, on voit entrer un jeune homme, qui se précipite à son tour aux pieds de monseigneur; c'est un de ses gens, c'est Michel, le même qui, tous les deux jours, portait des alimens aux deux hermites. Michel s'écrie en accourant, et comme s'il parlait aux domestiques de l'antichambre : Il n'y a pas de consigne pour moi; monseigneur est chez lui, il faut que je lui parle... Monseigneur, grâce ? grâce pour moi ? Si je fus coupable, ce fut pour empêcher un autre de le devenir davantage. — Qu'as-tu donc fait, mon enfant, lui demande le prélat ? On m'a toujours parlé de toi comme d'un bon sujet. — D'autres ne me jugeaient pas ainsi, monseigneur; oui d'autres me méprisaient au point de me croire capable d'un crime. — Qui, d'autres ? — Monsieur le baron de Salavas, et son ami Léonardo, celui qui sait à peine parler français. —Comment les connais-tu ? —Avant d'entrer au service de monseigneur, j'étais attaché à la cuisine de l'auberge où ils demeurent. Depuis qu'ils y logent, ils m'ont vu venir visiter, tous les jours, mon ancien maître, qui m'a appris mon état et auquel je suis bien attaché. Ces méchans m'ont fait monter, hier, chez eux. Ils ont fermé les portes et m'ont offert une bourse énorme d'or, pour m'engager à porter à l'hermite Fulgence une bouteille empoisonnée.... (Tout le monde frémit. Michel poursuit): J'ai réfléchi; je me suis dit: Si je n'accepte pas cette affreuse commission, ils en trouveront un autre que moi; qui s'en acquittera à la lettre. J'ai donc paru gai, content, transporté de joie à la vue de l'or, et j'ai pris la bouteille. Ils ne devaient me donner la somme qu'après le succès de ma mission; ou bien, ils me menaçaient de me perdre, si je ne remplissais pas bien ma promesse. Je me suis moqué de leurs offres comme de leurs menaces; j'ai été, ce matin, trouver le bon hermite; et je lui ai tout avoué. La bouteille a été brisée; ce saint homme est sauvé... Ai-je commis un crime, monseigneur, en me chargeant de celui-là; oh, daignez rassurer ma conscience?

Le prélat lui répond: N'as-tu pas balancé un moment entre ton devoir et l'offre d'une fortune? — Pas une seconde, monseigneur; par la raison que j'ai l'honneur de vous donner qu'un autre que moi... — Tu as bien fait ; ils en auraient chargé un autre, et tu as bien fait, te dis-je, de te conduire ainsi. Mais, marquise, que dites-vous de cette nouvelle horreur ?

La marquise est terrifiée, hors d'elle-même ; elle s'écrie : Voulaient-ils aussi attenter à la vie de mon Fidély ?

Michel réplique : Qui, madame, Fidély ? — Cet autre hermite qui demeure avec Fulgence. — Oh ! madame, M. Léonardo m'avait bien ordonné de comprendre l'autre hermite dans sa proscription ; mais M. le baron de Salavas m'avait dit tout bas : Prends bien garde de n'en verser qu'à Fulgence. Epargne le jeune homme ; tu m'en réponds sur ta tête !... Il n'avait pas besoin de me donner cet ordre ; mon dessein était bien de les épargner tous les deux.

L'archevêque lève les yeux au ciel en disant : Les scélérats ! quelle manière de se défaire de son ennemi ! Frère Fulgence les jugeait bien capables de cette atrocité ; moi, je n'y croyais pas ; non, je ne pouvais m'imaginer que les passions des hommes les portassent à ces excès. Voilà un jeune seigneur bien intéressant que ce Léonardo ! Juste ciel ! à qui donc avez-vous confié, sur terre, les honneurs et les richesses ? — Monseigneur, répond la marquise, vous voyez que Dieu a bien fait de vous les confier. Il est d'autres grands personnages qui en sont dignes et qui même les honorent, comme vous le faites. Mais, monseigneur, ces malheureux hermites doivent être désespérés de l'attentat qu'on voulait consommer sur l'un d'eux. Je cours les voir, les consoler. Que dis-je, les consoler ? n'ai-je pas à leur apprendre l'enlèvement d'Inésia ? — Ils le savent déjà, dit Michel. J'ai pour ami un jeune garçon qui a couru le leur apprendre. — C'est égal, Micheline, allons-y toujours ; nous prendrons conseil tous les quatre, et nous verrons... — Mesdames, poursuit Michel, vous ne les trouverez plus à l'hermitage ; ils l'ont abandonné ; ils s'enfuient à l'heure où je vous parle. — Grand Dieu ! Comment le sais-tu ? — Dans mon trouble... pardon, monseigneur, j'avais reçu du Frère Fulgence une bourse d'or. En revenant, j'ai pensé que c'était mal à moi ; que j'avais là accepté la récompense d'un service que je voulais, que je devais rendre gratuitement. J'étais déjà à l'entrée de la ville, lorsque je suis retourné sur mes pas pour restituer cette maudite

dite bourse, dont le poids pesait là, sur mon cœur. J'arrive à l'hermitage; il est fermé. Je frappe; on ne me répond pas. Cela m'étonne; j'appelle, j'attends... Enfin, au bout d'une heure et demie au moins, je vois arriver un paysan qui me dit: Mon ami, que demande-tu à cette porte? — Les frères hermites. — Ils sont partis; ils ont quitté la province; je les ai rencontrés à deux lieues là-bas; ils m'ont même chargé d'une lettre pour monsieur l'archevêque, que je porterai à monseigneur ce matin, après que j'aurai mangé la soupe avec ma femme et mes enfans.... J'ai laissé là ce brave homme, qui est du village voisin, et je suis accouru pour raconter tout cela à monseigneur, et pour le supplier de vouloir bien distribuer aux pauvres cette honteuse bourse que voilà.

L'archevêque est pénétré d'admiration pour ce jeune homme. Il s'écrie : O vertueux Michel ! combien Dieu est admirable dans ses décrets ! Il t'a envoyé aux coupables pour leur épargner un crime ; il t'a choisi pour sauver l'innocent ! Garde, mon ami, garde cet or que tu as bien mérité ; qu'il soit la récompense de tes vertus ! Ce ne sera pas la seule.... Je te prends pour mon valet de chambre, pour mon homme de confiance, et je me charge de ton établissement par la suite, comme de ta fortune. Laisse-nous.

L'archevêque donne à Michel sa main vénérable à baiser ; le bon jeune homme la couvre des larmes de la reconnaissance, et se retire en bénissant le ciel qui sait toujours récompenser les belles actions.

On apporte une lettre à monseigneur. Elle est de l'hermite Fulgence et conçue en ces termes : il la lit tout haut :

« Monseigneur,

» On ne se contente pas de vouloir attenter à ma liberté, on essaie de m'arracher la vie. Une tentative infructueuse peut être suivie d'une autre qui réussisse... Je ne me crois donc plus en sûreté à l'hermitage, quelque puissante que soit votre haute protection ; elle ne peut me sauver de la trahison. Je pars ; j'emmène avec moi mon jeune homme ; je vais me voiler d'une autre manière, et prendre tous les moyens pour me rendre invisible à mes ennemis.... vous seul savez s'ils sont puissans ! Je ne puis vous en dire davantage : j'écris à la hâte, à deux lieues, dans une auberge, dont je m'empresse de sortir, ne trouvant plus désormais de sûreté dans ces sortes d'asiles. Une autre fois je vous adresserai une plus longue lettre, où je vous instruirai de mes intentions.... J'ai l'espoir d'un changement heureux et prochain ; mais il faut que je passe encore par bien des épreuves avant d'arriver là.... Je continuerai d'une autre manière la pénitence que vous m'avez donnée, que je m'étais imposée moi-même dès long-temps. En grace ne m'abandonnez pas, et croyez au profond respect du malheureux

FRÈRE FULGENCE.

P. S. Pouvez-vous vous occuper d'Inèsia? faire poursuivre son ravisseur? L'enlèvement de cette jeune personne a mis le pauvre Frère Angély au désespoir. »

Je le crois, dit la marquise; il l'aimait tant!... Mais que de coups, que de coups à la fois! — Il est vrai, répond l'archevêque; nous en sommes accablés, et jamais, depuis que je siége dans cette cathédrale, je n'ai éprouvé tant d'embarras que dans ce moment! Les uns sont des scélérats qui portent en tout lieu la discorde et les crimes; les autres ont des têtes affaiblies par le malheur et ne savent point supporter l'adversité. Ils fuient tous; ceux-là à droite, ceux-ci à gauche; et ces derniers n'ont pas assez de confiance en moi pour faire tête à l'orage. Vous, marquise, vous souffrez de toutes ces extravagances, et, en vérité, je vous plains bien sincèrement.

La marquise répandait en effet des larmes, et disait d'une voix étouffée par les sanglots: Mon fils, mon cher fils! te voilà donc encore éloigné de moi, séparé de moi peut-être pour toujours! Où es-tu? où cet insensé va-t-il te conduire? et je demanderai toujours de quel droit? Ah, ma pauvre Micheline, que de peines!... que de peines!... Pardon, monseigneur, si j'ai amené cette bonne femme?...

L'archevêque répond : Les honnêtes gens, les bons cœurs, dans quelque classe qu'ils se trouvent, sont dignes de m'approcher. Allez, digne femme, offrez à votre maîtresse toutes les consolations dont vous êtes susceptible; elle en a grand besoin!

Micheline se jette dans les bras de la marquise et lui dit : Madame, reprenons notre état de chevaliers errans, et courons après nos chers fugitifs. Nous les avons bien retrouvés une fois; nous les rencontrerons peut-être encore une seconde.—Ah, Micheline, ai-je la force de courir ainsi dorénavant?—Il faut l'avoir... mais, si je revois jamais cet hermite Fulgence, cette tête faible, cet insensé, comme le juge fort bien monseigneur, je lui ferai une belle scène, allez?— Comment?— Oh, il saura ce que je pense.—Il y a réellement, dit le sage Ayrard, de la folie, ou au moins de l'opiniâtreté dans sa tête. — S'il y en a, monseigneur, réplique Micheline! à sa place, moi, je dirais tout, je divulguerais un secret, qui afflige cette chère dame pour le moins autant que si elle le savait!

L'ARCHEVÊQUE. Doucement, Micheline; vous savez les conséquences que cela pourrait entraîner à l'égard de Léonardo?

MICHELINE. Je ne dis pas qu'il faille

le confier à ce Léonardo. Mais quand madame seule le saurait ?

La Marquise. Qu'est-ce que je saurais ? Voyons, parlez ?

L'Archevêque, *mettant un doigt sur sa bouche.* Micheline, vous allez trop loin ! Oubliez-vous la sainteté des sermens ?

Micheline. Monseigneur me rappelle à mon devoir.

La Marquise. Et votre devoir est de me laisser tourmenter, mourir apparemment ! Je n'étais pas votre dupe, je voyais bien que vous les connaissiez, ces secrets désespérans. Aujourd'hui, j'en ai donc la certitude ! Ah, Micheline ! Que vous ai-je fait pour vous joindre à mes ennemis ?

Micheline. Monseigneur, vous qui savez tout, oh, daignez prendre ma défense auprès de cette bonne maîtresse,

maîtresse, pour laquelle je donnerais ma vie !

L'Archevêque. Elle a raison, marquise. Elle vous respecte, vous chérit au delà de toute expression ; et c'est encore par excès d'attachement pour vous qu'elle ne vous révèle pas un secret, qui peut-être vous causerait la mort.

La Marquise. La mort ! ô mon Dieu, qu'est-ce que c'est donc ?

L'Archevêque. Elle ne sait pas tout. Ce qu'elle ignore est encore plus douloureux. En grace, marquise, pardonnez à cette excellente femme la retenue dont elle est forcée d'user envers vous ? Plus elle garde le silence, et plus vous devez lui en savoir gré. C'est moi qui vous l'affirme devant Dieu, et qui suis croyable sans doute quand je prends un pareil témoin ! Marquise, résignez-vous ?

résignez-vous aux décrets de la providence ? Il le faut, et je ne vous quitte point que vous ne me promettiez d'appeler la religion à votre secours. Elle vous donnera des forces pour atteindre un avenir qui mettra fin à vos doutes et à vos malheurs.... Voyagez, je vous le conseille ; je suis de l'avis de Micheline, voyagez ; cela vous distraira, et nous entretiendrons ensemble une correspondance qui, je m'en flatte, adoucira vos maux. Quant à moi, je vais m'entendre avec l'intendant, le gouverneur de la province, pour faire suivre, arrêter, si je le peux, l'audacieux seigneur qui a osé enlever Inèsia. Je vous donnerai des détails sur toutes mes démarches. Vous, marquise, vous n'avez autre chose à faire que de retourner à votre château, y rétablir votre précieuse santé, et voyager ensuite quand vous vous en sentirez la force. Fidély vous aime comme un fils tendre et respectueux; Inésia n'a que vous d'appui, d'amie sur la terre; tous deux vous écriront, j'en suis sûr ; et moi, je travaillerai toujours à faire cesser les malheurs qui accablent l'infortuné Fulgence. Une fois qu'ils seront terminés, tout le monde reprendra sa sérénité, et le bonheur qui vous accablera sera peut-être plus grand que vous ne le pensez tous.

Ainsi parla le sage Ayrard, et ses discours onctueux, persuasifs, firent descendre un peu d'espoir dans le cœur déchiré de la marquise. Il est certain que le sort l'accablait de mille coups à la fois, et qu'il lui fallait une force plus qu'humaine pour les supporter.

Elle prit congé du respectable prélat, quitta tout à fait son auberge, la contrée où elle n'espérait plus revoir son cher fils, et revint à son château d'Arloy.

CHAPITRE II.

Les deux Pélerins.

LE baron de Salavàs avait, en effet, pour enlever Inèsia, trouvé le moyen très-simple de lui persuader que sa bonne mère adoptive était à l'article de la mort. Il entra donc chez elle avec madame la supérieure du couvent, ainsi qu'on l'a vu dans le Chapitre précédent, et l'idée du piége qu'il tendait à cette jeune personne ayant altéré ses traits, affoibli sa voix, il sembla être naturellement troublé du danger que courait la marquise. Inèsia, le voyant pâle et presque tremblant, ne douta pas qu'il ne lui dît la vérité; émue de son côté de la nouvelle qu'on lui apprenait, elle n'hésita quelque minutes à suivre le baron que dans la crainte de déplaire à madame la supérieure. Celle-ci l'y autorisant, Inèsia s'élança dans la voiture du baron, sans remarquer que c'était une chaise de poste. Elle l'accablait de questions, auxquelles il répondait par des demi-mots, lorsqu'enfin elle s'apperçut qu'on lui faisait faire beaucoup trop de chemin pour qu'on la menât chez la marquise, qui demeurait sur la grande place, à trois rues de son couvent. Elle regarda par la portière et vit qu'elle était en pleine campagne, bien loin de la ville. Inèsia changea de couleur et s'écria : Où me conduisez-vous donc, monsieur? nous ne sommes plus à Auch! — Nous n'y rentrerons plus, mon enfant. — Qu'est-ce que cela veut dire? Et madame la marquise? — Madame la marquise se porte aussi-bien que vous et moi ; c'est un prétexte que j'ai pris pour vous forcer à répondre aux vœux d'un seigneur qui vous adore, et qui veut faire votre fortune en vous offrant sa main et son grand nom. — Ah ! je suis trahie, perdue, et par qui ? — Comment, par qui ? ne suis-je pas votre tuteur, mademoiselle ? n'ai-je pas le droit de vous marier, de vous établir à mon gré ! — Vous avez renoncé par écrit à ces droits, monsieur ! — Voilà un bel enfantillage ; ces droits peuvent-ils se céder, s'annuller, mademoiselle ! — Rendez-moi la liberté, monsieur ? ou je vais crier, appeler à mon secours. — A cette heure, dans ces campagnes où personne ne vous entendra ? Un mot doit vous suffire, mademoiselle. J'ai sur vous d'autres roits que ceux d'un tuteur. Je vous

les ferai connaître en temps et lieu.
— Je sais, monsieur, que vous êtes mon ayeul; ma mère fut votre fille; on m'a appris cette odieuse histoire.
Le baron reste frappé d'étonnement. Il répond d'un air effrayé : Cela est-il possible ! vous savez !....
— Que je suis la petite-fille de la comtesse Sygemonde, dont le père fut assasiné par vous, monsieur ? suis-je bien instruite ? — Qui donc a pu ?..
— C'est mon secret. — Qui n'est pas difficile à deviner; c'est Gérald ? — Qui appelez-vous Gérald, s'il vous plaît ? — Je me trompe; c'est cet hermite Fulgence. — C'est lui-même, monsieur, il vous connaît bien, cet hermite Fulgence ! — Il en impose; c'est pour me perdre qu'il a inventé je ne sais quelle aventure de caverne de voleurs. — Ce n'est pas ici le lieu de discuter sur cet événement. Je vous

supplie de me rendre à mon cloître, à ma mère adoptive, ou je suis capable de tout !—Ignorez-vous qu'un père peut disposer de sa fille comme il lui plaît. — Oserez-vous avouer ce titre, en profiter ?—S'il le faut, mademoiselle, je le ferai valoir.—Vous vous perdrez. — Oh non, non. On va vous conduire dans un pays où je vais devenir tout-puissant. Les lois, leurs ministres, y seront sous ma dépendance. — Grand Dieu ! quel est donc ce pays où le crime serait protégé ?—Celui du seigneur Léonardo, votre futur époux.—Lui, mon époux ! jamais !

Inésia verse des larmes ; elle supplie le baron de lui rendre sa liberté. Il reste inflexible... l'horloge d'une grosse tour éloignée fait entendre qu'il est minuit. La voiture s'arrête ; on ouvre la portière ; deux hommes montent, et le baron descend, en disant : Seigneur Léonardo, je vous la confie. Je retourne à mon poste, pour consommer, ce matin même, nos projets sur Gérald. Quand il ne sera plus, j'irai vous rejoindre à Bologne, *à la Locanda Reale*, ainsi que nous en sommes convenus. Quant à vous, mademoiselle, gardez le silence sur ce que vous savez, et obéissez en tous points aux ordres d'un tuteur qui fut pour vous un père.

Inèsia jette des cris perçans ; mais ses deux ravisseurs la contiennent, et la voiture vole.

Léonardo et son valet de chambre affidé étaient venus là à cheval. Le baron monta sur le coursier du maître, et conduisit par la bride celui du domestique. Il rebroussa chemin et revint au point du jour, non à Auch où son retour eût paru suspect, mais dans un des villages environnant l'hermitage Saint-Fulgence, où il s'était ménagé un secret asile. C'est là, dans une masure de ce village, qu'il avait donné rendez-vous à Michel, le pourvoyeur des deux hermites, pour que ce jeune homme vînt l'y trouver et recevoir la récompense promise, aussitôt qu'il aurait administré à Gérald la liqueur mortelle dont il l'avait chargé. Il attendit en vain le jeune et vertueux Michel; la rage du crime était dans son cœur, et l'impatience de le savoir exécuté le dévorait.

Michel fut bien heureux, de toutes les manières, de ne l'avoir pas commis; car le baron devait, soit par des menaces ou par des promesses, l'emmener soudain en Italie, afin que ce jeune homme pût rendre témoignage de la mort certaine de Gérald aux gens que cette catastrophe pouvait intéresser. Le baron l'attendit toute la matinée ; voyant que le soleil était plus qu'au milieu de sa course, son inquiétude extrême le fit sortir de sa tanière et rôder dans les environs de l'hermitage. Là, régnait le calme le plus parfait. Comme il examinait de loin, avec la plus grande attention, la petite chapelle dont il ne voyait sortir personne, le même villageois que Gérald avait chargé de porter sa lettre au sage Ayrard, vint à lui, et lui dit, en se méprenant sur le but de son examen : Monsieur est comme nous tous, sans doute ; il regrette la perte que nous venons de faire des deux vénérables hermites qui habitaient cette chaumière.— Sont-ils morts ? s'écria le baron, avec un sourire mêlé de joie pour Gérald et de terreur relativement à

Fidély. — Non, monsieur, oh! heureusement ils sont en bonne santé; mais ils sont partis; ils ont quitté pour jamais leur hermitage. Quel malheur pour le canton! car des inconnus y ont répandu journellement des aumônes, depuis l'installation de ces saints personnages, et nous étions sûrs que c'était leurs prières qui nous valaient tant de bénédictions!

Allons, se dit le baron intérieurement, voilà le même conte qu'on m'a débité par-tout sur ce Gérald; mais aujourd'hui que je le connais, cela ne me surprend plus. C'est lui-même qui fait faire ces aumônes, et les paysans de la fontaine Sainte-Catherine n'avaient pas tort.

Il reprit tout haut : Comment, ils sont partis? Vous en êtes sûr? — Très-sûr. Bah! ils doivent être à présent bien loin d'ici.

Le villageois se retire après avoir salué le baron, qui, au comble de l'étonnement, ne pense pas à lui faire d'autres questions.

Le baron s'approche alors de l'hermitage et voit qu'il est exactement fermé. Un homme accourt vers lui; c'est son monsieur Le Roc, qu'il avait laissé à Auch. Notre coup est manqué, lui dit Le Roc; Michel nous a trahis. — Comment sais-tu cela? — Je rôdais autour du palais primatial, comme guidé par un pressentiment, lorsque j'y ai vu revenir Michel pâle et défait; je crus qu'il nous avait servis. Je lui dis tout bas, avant qu'il entrât au palais: Est-ce fini?.... Il me répond : Misérables! aviez-vous pu me juger capable d'un crime? Votre ennemi est sauvé, au contraire, et je cours expier, aux genoux de monseigneur, la faute que j'ai faite de vous avoir seulement écoutés tous!..A ces mots, il s'est élancé comme un fou dans la cour, et je l'ai vu monter précipitamment les degrés qui conduisent à l'appartement de l'archevêque. Ainsi, monsieur, notre coup est manqué!—Il y a plus; c'est que Gérald et Fidély sont partis, ont tout à fait quitté la contrée. — Où sont-ils allés? — C'est ce que j'ignore. Ils nous échappent encore une fois!— Qu'allons-nous faire? retourner à Auch? nous n'y serions pas en sûreté. La déclaration du jeune Michel pourrait nous y attirer des choses fort désagréables. Quel parti allez-vous donc prendre? — Je ne sais.... Attends.... Oui.... oui! Retourne vîte à Auch; et secrettement? prends nos chevaux, notre valise, et reviens me retrouver ici, où je vais t'attendre. Nous partirons pour nous rendre à mon château de

Salavas; nous le vendrons, nous liquiderons nos petites affaires, et nous irons ensuite rejoindre Léonardo à Bologne, pour ne plus revenir en France, où rien ne doit nous rappeler. — Vous abandonnez donc la recherche de Gérald? — Ma foi, que Léonardo fasse de cet homme ce qu'il voudra; je suis las de courir après lui. Au surplus, nous nous concerterons avec ce jeune seigneur; pars toujours et reviens promptement.

Le Roc reparut deux heures après avec les chevaux, les bagages; le baron qui s'était assis, en l'attendant, à la porte de l'hermitage, monta soudain à cheval; Le Roc en fit autant; tous deux galopèrent, et le surlendemain, ils rentrèrent à leur château de Salavas. Un notaire fut mandé pour mettre en vente cet

antique

antique château, et au bout de huit jours, le notaire trouva un acquéreur.

Dans cet intervalle, le baron ne voulant laisser aucune trace des événemens qui avaient pu se passer dans ce château, et qui l'auraient compromis, fit combler une prison souterraine qu'il y avait fait construire autrefois. Pour faire disparaître ce lieu de douleur et de ténèbres, on fut obligé de prendre des démolitions qui, depuis long-temps, avaient été jetées dans les fossés; mais avant d'employer toutes ces démolitions, le baron dit à Le Roc : Écoute, il nous faudra descendre, cette nuit, dans le fossé du nord, nous deux seulement, et munis de lanternes sourdes. C'est-là que tu jetas, dis-tu, le corps inanimé de l'enfant de Paola : Quoiqu'il y ait vingt ans passés de cela, il pourrait se retrouver des os, le squelette peut-être, de cet enfant mort-né; nous chercherons; nous ferons disparaître ces vestiges, s'il en existe encore. Tu sens qu'il paraîtrait bien suspect à un nouvel acquéreur de retrouver là des ossemens humains.

Le Roc sourit et répondit : On n'y trouvera rien. — Qui sait? le moindre indice peut..... — Il n'y a rien, vous dis-je. — Comment? cet enfant était mort? — Non; il se portait très-bien, au contraire. — Qu'en as-tu donc fait?— Je l'ai remis à son père. — Grand Dieu! — Écoutez-donc, vous vouliez garder tout pour vous. Nous étions convenus que si Gérald nous offrait une forte somme, nous lui rendrions sa belle Paola, qui était notre prisonnière; mais, vous vouliez prendre les trois quarts de cette forte somme, et ne me donner que le quart restant; cela ne faisait pas mon compte. Avant de faire avec vous ce partage qui d'ailleurs était incertain, puisque la somme que vous exigiez était au dessus des moyens de Gérald, moi, pour moins d'argent qu'il m'a donné, je lui ai rendu son fils. — Ciel! Et tu me fis alors un conte à mon retour de Milan? — Il le fallait bien; je vous dis que Paola était accouchée d'un enfant mort, pendant votre absence; que j'avais jeté cet enfant dans les fossés; que je l'avais couvert de manière à ce qu'il ne pût être remarqué. Rien de cela n'était vrai; je l'avais tout simplement livré à Gérald. Jugez de mon étonnement, quand, quelques heures après, il vint m'apporter les cinquante mille francs exigés pour la rançon de sa Paola!

Je la lui rendis aussi, suivant l'ordre que vous m'aviez donné, et, pour cette somme, je fus fidèle à vous la restituer. Vous m'en donnâtes le quart, c'est fort bien ; mais cette faible part du prix de la mère ne m'aurait pas suffi, si je n'avais pas gagné seul sur le fils. Ma foi, monsieur le baron, il faut de la confiance entre fripons.—Misérable ! tu m'as trompé, moi, moi !— Si vous m'aviez dit : Le Roc, tiens, partageons comme frères, je vous aurais mis de moitié dans la rançon de l'enfant.—Je m'en serais bien gardé ! cet enfant aurait péri. En le sauvant, imprudent que vous êtes, vous donniez un ennemi de plus au seigneur Léonardo, et vous lui retiriez pour jamais ses droits.... Vous m'entendez. On n'avait rien à craindre en rendant Paola à Gérald ; mais un fils, un héritier!..... Qu'est devenu cet enfant, le sait-on? — Ma foi, je l'ignore. Gérald a bien publié partout que sa femme était morte; mais il n'a jamais dit un mot de son fils. — Ensorte qu'il existe sans doute! voilà une belle affaire! et qui donnerait bien de l'inquiétude au seigneur Léonardo, s'il la savait. Moi qui lui assurais encore, l'autre jour, que le fils de Gérald était mort en venant au monde! sur la foi de votre rapport, imposteur! Lui et moi, nous vous supposions digne de toute notre confiance, et vous en avez abusé à ce point! — Point de reproches, s'il vous plaît, monsieur? Prenons garde de nous brouiller; car nous pourrions nous nuire également tous les deux. — Mais, Le Roc, aurais-tu dû me cacher un pareil événement, qui peut, par la suite, faire manquer tous nos projets, ceux sur-tout du seigneur Léonardo !

Le baron est au comble de l'étonnement. Il s'écrie : Cet enfant n'est pas mort ! On l'a rendu à son père ! Il existe, oh, il n'en faut pas douter..... Mais où ? dans quel coin du monde !........ Ciel ! quel trait de lumière !.... Si Fidély était.... Mais, non ; il n'y a pas la moindre apparence ; c'est bien le fils de la marquise, et de feu son époux. J'ai vu madame d'Arloy le nourrir de son lait, l'élever ; cela ne peut pas tomber sous le sens. Cependant, le fils de Gérald aurait son âge.... Un coup du ciel, dit-on, a frappé Fidély ; il lui est arrivé un événement extraordinaire... Tout à coup il a quitté sa mère, son amante. Gérald, aveugle à la fontaine, lui a découvert un grand secret ; le jeune homme a juré de le suivre, de s'attacher à son sort, et cela volontairement ; remarquons bien ce point !.... Ils ne se quittent pas, en un mot, ils sont continuellement ensemble, comme le seraient un tendre père et un bon fils ! Et sans cesse, on parle de ce grand secret, qu'on ne peut révéler.... tout cela !... Que ne m'as-tu fait plutôt cette confidence, Le Roc? Dans le temps où ces deux inséparables habitaient encore l'hermitage ? j'aurais pu sonder Fidély, user de ruse pour lui faire lever un coin du voile qui cache sa conduite mystérieuse ; enfin j'aurais pu découvrir quelque chose... A présent qu'ils sont partis, qu'on ne sait plus où les trouver !... Mais, dis-moi donc, Le Roc, toi qui as rendu si imprudemment à Gérald son fils, est-ce qu'il ne t'est jamais venu dans l'idée que Fidély pourrait être cet enfant là ? —Jamais, et vous m'en donnez la première atteinte.

Le Roc réfléchit et continue : Y a-t-il néanmoins de la vraisemblance à cela ? — Il y en a plus que tu ne le penses. Rappelle-toi que, lorsqu'il fut question du mariage de Fidély, Gérald, sous le nom de l'aveugle Eustache, dit à Micheline que Fidély ne devait pas se marier : il avait donc ses raisons pour cela. Micheline fut terrifiée par lui ; Micheline saurait peut-être quelque chose ; car elle voulait voir ce prétendu Père Eustache ; elle assurait toujours que c'était lui qui avait détourné Fidély de son devoir, de toutes ses affections ; comment cela ? en lui confiant sans doute un grand secret qui a tout à coup changé son sort et ses résolutions. Il avait raison ; si c'est celui-là, il est clair que Fidély ne devait pas
épouser

épouser Inèsia, qu'il ne le peut même jamais par la suite, de quelque manière que les choses tournent. Si Fidély n'est pas le fils de Gérald, ce dont je suis persuadé, peut-être Fidély connaît-il ce fils, en a-t-il donné des nouvelles à Gérald ; il faut qu'ils aient un puissant motif pour être liés de cette manière. Micheline le connaît, ce puissant motif ; on ne m'ôterait pas cela de l'idée !... Faisons-la parler ! Voyons ; si je me rendais chez la marquise ?... Il est certain qu'elle doit m'en vouloir. On lui aura dit que j'avais enlevé son Inèsia. Eh mais, n'ai-je pas le moyen de me justifier à ses yeux ? Elle doit savoir qu'Inèsia est ma fille. Un père a seul des droits sur son enfant ; j'aurai usé des miens. Que peut-elle m'objecter à cela ? Voyons la marquise ; supportons d'abord son humeur ; excusonsnous ensuite avec douceur, et tâchons d'interroger Micheline. La marquise est de retour à son château ; allons-y de ce pas. — Faut-il que je vous y accompagne ? — Viens ; tu appuieras les raisons que je donnerai pour me justifier.

Il faisait un temps superbe. Le baron et Le Roc partirent à pied pour le château d'Arloy. Ils arrivent ; ils demandent à parler à madame la marquise. Le concierge leur répond que madame la marquise leur défend sa porte ; qu'elle ne veut plus les voir. Cela mortifie un peu le baron. Il persiste ; on leur répète toujours la même défense. Alors ils témoignent le désir de parler à Micheline. Le concierge dit qu'il va l'envoyer chercher.

En effet, sa femme se rend au château et en ramène bientôt Micheline qui, sortant avec le baron et Le Roc dans l'avenue, leur demande ce qu'ils lui veulent, du ton le plus froid et le plus sévère.

Le baron répond : Eh quoi, Micheline, votre maîtresse rompt-elle avec moi ? Quel est cet ordre injurieux ?... — Monsieur doit en savoir les motifs. — Comment ? parce que j'ai disposé de ma fille ; car vous savez.... — Nous savons tout, et monsieur doit voir quel degré d'estime il peut exiger de nous. — On a exagéré ; je ne fus point la cause de la mort du comte Sygemond. Mes ennemis ont fait là-dessus des contes ! — Ce ne sont point mes affaires ; je dois obéir à ma maîtresse, voilà tout. Si monsieur n'a pas autre chose à me dire ?... — Pardonnez-moi. Savez-vous ce qu'est devenu Fidély avec son prétendu *ami* Père Eustache, ou Fulgence, si vous voulez ? — Je ne m'inquiète que de mon jeune maître Fidély; l'autre m'est fort indifférent. — Cet autre ne l'est pas à Fidély. Vous le savez, vous, Micheline ?

Micheline pâlit, regarde fixement le baron et lui répond : Que voulez-vous dire ? Apparemment qu'ils ont de l'amitié l'un pour l'autre, puisqu'ils ne se quittent plus, à notre grand étonnement à tous. — Micheline, je ne suis pas si crédule que votre maîtresse, qui vous accorde une confiance aveugle; j'ai des yeux, et je vois que vous savez ce grand secret qui les attache ainsi l'un à l'autre. — Si je le savais, comme vous le prétendez, croyez-vous que vous me l'arracheriez ? — Non; mais on pourrait le deviner. — Je vous en défie. — Vous le connaissez donc, ce secret de famille ? — Ma maîtresse et moi nous avons fait les plus grands efforts pour le pénétrer ; tout a été inutile.—Pour votre maîtresse ; mais pour vous ?... Ecoutez, Micheline, et sachez que je suis alors plus instruit que vous. Gérald (c'est le véritable nom de l'aveugle et de l'hermite), Gérald eut un fils, qui disparut dès sa naissance. Ce fils aurait vingt ans passés, comme Fidély, et l'on croit bien fermement que Fidély est ce fils là.

Micheline est troublée ; mais elle tâche de n'en rien faire paraître. Elle s'écrie : Méchant ! vous, l'ami du marquis d'Arloy, avant même qu'il fût marié ; vous qui avez vu la marquise enceinte, devenue mère, nourrissant de son lait son petit Fidély, qui ne l'a jamais quittée depuis ! vous allez répandre aujourd'hui le mensonge le plus grossier, que vous avez inventé je ne sais pour quel motif ! Je vous quitte ; vous me faites pitié ; adieu !—

Ma mie, vous le prenez sur un ton!...
— C'est celui qui convient à la vertu contre le vice, dans quelque classe qu'ils se trouvent tous les deux.... Adieu ! — Mais écoutez donc ?...

Micheline rentre, mais faible, pâle, et se soutenant à peine. Elle se gardera bien de répéter mot pour mot cette conversation à sa maîtresse. Elle lui dira seulement qu'elle a eu une scène violente avec le baron. D'ailleurs rien ne pourrait dissuader la marquise que Fidély fût son fils; c'est bien l'enfant qu'elle trouva sur son lit, dans ses bras, en rouvrant les yeux à la lumière après l'évanouissement qui suivit la naissance de ce cher enfant; mais il est inutile de lui donner les plus légers soupçons, et l'on doit tenir à la lettre le serment que le marquis a exigé à son lit de mort. Ce secret percerait-il, cependant? Le méchant baron le sait, ou s'en doute. S'il le savait, il ne viendrait pas questionner Micheline ; s'il ne faisait que s'en douter, il n'y aurait encore aucun danger à craindre. Micheline est néanmoins livrée au plus grand trouble, et s'en excuse auprès de sa maîtresse, en lui disant que le baron l'a accablée d'injures, ce qui fortifie la bonne dame dans le dessein qu'elle a de ne jamais revoir cet homme méprisable.

Le baron, de son côté, retournait avec son Le Roc, et tous deux réfléchissaient sur ce que Micheline venait de leur dire. Vous vous trompez dans vos conjectures, dit Le Roc, Fidély est bien le fils du marquis et de la marquise d'Arloy. Micheline...
— Cette fille a pâli, pourtant ; ses traits se sont altérés, je l'examinais bien. — Et moi aussi ; mais qu'est-ce

que cela prouve ? Quelques jours après l'accouchement de la marquise, vous revîntes de Milan; vous la vîtes; elle nourrissait son enfant; et, depuis, vous avez vu Fidély grandir auprès de sa mère. Non, ce n'est pas lui. — Alors, d'où naît la liaison de Fidély avec Gérald, et qu'est devenu le fils de ce dernier ? — Voilà où on se perd. —Oh, je t'en veux bien, Le Roc, je te le répète, de ne pas m'avoir avoué plutôt que tu avais sauvé ce fils, qui va devenir maintenant le second objet de nos recherches! J'aurais questionné Gérald, Fidély... Sois sûr que tu vas encourir la disgrâce du seigneur Léonardo, aussitôt que je lui aurai appris cela. — Et pourquoi le lui dire ? — Ah, pourquoi ? Si Gérald triomphe un jour, il peut montrer son fils; voilà les espérances de Léonardo évanouies, et il m'accusera ! Je ne veux pas qu'il me croie capable de lui en avoir imposé ; tu as fait la faute par un motif de vile cupidité ; tu t'excuseras comme tu pourras. — Oh bien, laissez-moi faire ; je ne crains rien ; mais malheur à ceux qui me sépareront de leur cause. — Il est bien douloureux qu'on soit obligé d'employer des subalternes tels que vous autres. — Pourquoi n'avez-vous pas assez d'esprit, ou de courage, pour agir seuls ?

Ces misérables se disputaient ainsi ; mais, comme ils avaient besoin l'un de l'autre, ils se réconcilièrent, et convinrent qu'on ne dirait rien à Léonardo, qu'on attendrait les événemens pour lui apprendre que le fils de Gérald avait été rendu à son père.

En causant ainsi, ils s'approchèrent de la fontaine Sainte-Catherine, et virent dans la campagne un grand nombre de villageois qui paraissaient s'y promener. Au milieu d'eux était un vieillard à longue barbe blanche, dont le dos, voûté par les ans, était couvert d'un long camail de pélerin. Il portait une gourde, un bourdon, et dans sa main droite, un long bâton. Un autre pélerin, vêtu comme lui, le soutenait sous le bras, et tous deux marchaient au milieu d'un grand concours de villageois, qui paraissaient les regarder avec respect. Quelle est cette espèce de procession, dit le baron? — Ce n'est point une procession, répondit Le Roc; je me rappelle qu'on m'a dit, hier, qu'il était arrivé dans ces campagnes deux pélerins, dont l'un sur-tout, vieux et respectable, portait un nom qui, on ne sait pourquoi, faisait trembler tout le monde. C'est cela sans doute;

approchons-nous ; nous les verrons de près.

Le baron sourit en disant : Chaque fois qu'on me parle de deux hermites, de deux pélerins, de deux voyageurs quelconques, il me vient tout de suite dans l'idée que ce sont les deux hommes que je cherche ; je crois toujours voir en eux Gérald et Fidély. — Quelle apparence qu'ils soient revenus là justement, à la fontaine Sainte-Catherine, où ils seraient bientôt découverts ? — C'est ce que je me dis. Non, oh ! non ; nos fuyards ont sans doute quitté la France, où ils craignaient pour leur liberté et même pour leur vie, si Michel leur a découvert le projet que nous avions conçu et qu'il était chargé par nous d'exécuter... Ce cortége s'avance par ici... Oh ! c'est quelque momerie religieuse comme on n'en voit que trop à présent, depuis que la cour de Louis XIV est tombée dans une dévotion qui autorise tout cela !

Le baron et Le Roc marchent vers les deux pélerins dont les figures sont cachées par de longs capuchons. Le baron, guidé toujours par ses soupçons, dit au plus vieux : Saint homme, vous êtes bien âgé, pour marcher ainsi à pied ?

Le vieillard ne répond pas.

« Allez-vous en pélerinage, ou en revenez-vous ?

Même silence.

« Daignez me répondre, saint homme ? Quel est votre état, votre nom ? »

Le vieillard dit à très-haute voix et d'un ton ferme : Je m'appelle *Il Sosio*.

A ce nom d'*Il Sosio*, les villageois sont saisis de terreur ; tous s'écrient :

Il Sosio ! Il Sosio ! Les uns tombent à genoux ; les autres fuient ; ceux-là baisent la terre ; ceux-ci font des signes de croix.

Les pélerins marchent toujours cependant, et le plus gros du cortége les suit. Plusieurs villageois entourent Le Roc et Salavas ; on les presse ; on s'écrie autour d'eux : Pourquoi arrêtez-vous la marche de cet homme de Dieu ? Avez-vous le droit de lui demander son nom ? son nom qui doit vous faire trembler ! Il s'appelle *Il Sosio*, entendez-vous ? — J'entends bien, répond le baron ; mais que signifie ce nom ? — Allez, retirez-vous, prophanes, et ne troublez pas le voyage édifiant que veut bien faire parmi nous le plus grand des hommes du Seigneur !

Le baron voudrait suivre ce prétendu homme du Seigneur ; mais plusieurs des jeunes et vigoureux paysans s'emparent de lui; on en fait autant de Le Roc ; et, malgré leurs cris, leur terreur, on les entraîne bien au delà du chemin qu'ont pris les pélerins, qui disparaissent bientôt à leurs yeux derrière de hautes montagnes.

Quand le baron et Le Roc sont seuls, ils se regardent et se demandent ce que veut dire une pareille scène. C'est Gérald, dit le baron; quoiqu'il ait cherché à déguiser sa voix, je l'ai bien reconnu. — Et moi aussi! — Qui sont ces gens qui l'accompagnent? Ils ne ressemblent en rien à nos paysans de ces cantons. — J'en ai également fait la remarque. — C'est Gérald; et sans doute son compagnon, qui se cache comme lui sous un capuchon, n'est autre que Fidély. Mais encore une fois, quelle est cette troupe qui les entoure et qui nous a éloignés d'eux à dessein ? Cela était visible ; ils m'ont emporté presque dans leurs bras. — Ils m'en ont fait autant, et ils couraient ! ils allaient comme le vent. — Comment, en plein jour, dans ces campagnes fertiles, habitées ! Il n'y a donc plus de police !... Sans doute M. l'intendant ignore le passage de cette singulière caravane ? je vais l'en prévenir sur-le-champ. Rentre au château, Le Roc ; je cours chez M. l'intendant.

Le baron se rend en effet chez ce magistrat, qu'il trouve dans son cabinet. Je viens, dit-il, vous prévenir, monseigneur, d'une chose bien étrange et que peut-être vous ignorez ; c'est qu'il y a dans les plaines, là-bas, un rassemblement de gens bien suspects, guidés par deux pélerins prétendus. — Un rassemblement ! deux pélerins! Expliquez-vous, baron. — Ces gens-là ont usé de violences pour nous éloigner, moi et mon valet de chambre, de leurs deux chefs, dont l'un sur-tout m'est parfaitement connu. — Vous m'étonnez à un point... Celui qui vous est connu s'appelle ?... — Vous dirai-je le nom bizarre qu'il s'est donné et qui a paru frapper tous ses compagnons de terreur ou de respect, je ne sais lequel des deux sentimens !... Oh! j'ai bien retenu ce singulier nom; c'est *Il Sosio*.

L'intendant se lève de son bureau, recule deux pas, comme s'il était épouvanté, et s'écrie : *Il Sosio* ! Ah ! monsieur, ne répétez jamais ce nom là, ou vous seriez perdu... moi-même je tremble !... Si l'on nous entendait !... — Mais, monseigneur, ce *Il Sosio* n'est autre que Gérald dont je vous ai parlé une fois ou deux déjà. — Taisez-

Taisez-vous, monsieur !.... retirez-vous... retirez-vous sur-le-champ, ou je serais forcé de vous punir !....
— De quoi donc, monseigneur ? Ce Gérald a commis des crimes, vous le savez. — Ce n'est point Gérald, monsieur, c'est *Il Sosio !* sortez, sortez, vous dis-je ! — Mais, monseigneur.... — Sortez, ou je vais vous plonger dans le plus noir cachot.

L'intendant passe dans une autre pièce, dont il ferme la porte sur lui, et laisse le baron de Salavas au comble de l'étonnement, en se disant tout bas: Qu'est-ce que c'est donc, bon Dieu, que le seigneur *Il Sosio !*...

CHAPITRE III.

Encore des visites suspectes.

Gérald, en quittant pour jamais l'hermitage Saint-Fulgence, marcha à grands pas, tenant son fils par la main, et pressant sa démarche faible et timorée. Fidély était au désespoir : on venait de lui apprendre l'enlèvement d'Inèsia, par Léonardo sans doute, et Gérald l'entraînait du côté opposé à celui où il aurait voulu aller. Mon père, s'écria-t-il, Inèsia m'est enlevée, et vous me forcez à vous accompagner!—Il le faut, mon cher fils!—Qu'allez-vous faire à la fontaine Sainte-Catherine?—Tu le sauras.—Vous allez y courir de nouveaux dangers?—Lesquels?—On vous y reconnaîtra. — Qui ? mes ennemis ne sont plus dans les environs de la fontaine ; tu les vois tous occupés ici, Léonardo à enlever Inèsia, et Salavas à attendre le succès de sa liqueur vénéneuse. Ils s'imagineront que j'ai pris un tout autre chemin, et ne viendront pas me chercher à la fontaine où ils supposeront que je n'aurai pas eu l'imprudence d'aller. Viens, mon fils. — O mon père ! Inèsia !... — Léonardo nous la rendra ; je te donne ma parole que, quand je le voudrai, il nous la rendra. — Si vous avez ce pouvoir, mon père, profitez-en à l'instant. — Eh, mon ami, ne vois-tu pas que j'ai d'autres affaires plus pressées que celle-là. On en veut à mes jours ; on s'est servi d'un honnête homme ; on peut employer un misérable capable d'obéir trop servilement aux ordres les plus affreux ! Le prélat qui nous protégeait, tout vénérable qu'il soit, a déjà manqué de confiance en moi; je ne puis plus compter sur lui. D'ailleurs, j'ai des amis auxquels je me dois; tu les as vus ?

Fidély frémit malgré lui, en pensant à la bande d'inconnus qu'il a vus, la nuit, et qu'il persiste à croire des voleurs. Il répond : Vous avez eu là en effet, mon père, de singulières visites; le sacré, le prophane, tout s'en est mêlé. Quatre évêques viennent vous saluer avec les plus grands égards. Trois officiers, richement décorés, ne me parlent de vous qu'avec respect; cela est fort bien jusqu'à présent; mais, après des gens aussi recommandables, devait-on s'attendre à voir !... O Dieu !... et Vernex à leur tête, encore !.... Au surplus, sont-ce ces amis là que vous allez retrouver ? — Mon fils ! je vais faire tout ce que je pourrai pour te rendre heureux, et j'approche de ce moment fortuné ; monsieur l'archevêque et moi, nous avons reçu des nouvelles bien satisfaisantes ! Ce que l'on m'a appris sur-tout a fait luire dans mon esprit plus qu'un rayon d'espérance. Encore quelques épreuves, que je dois terminer par un coup d'éclat, et je suis sûr de triompher. Alors, mon ami, quelle sera ta joie ! tu seras fier, j'ose le dire, d'être né d'un père tel que moi, et tu mettras à profit sa conduite, ses conseils et son exemple.

Chaque fois que Gérald parlait ainsi de l'avenir, il y avait dans son organe, dans son débit, dans tous les traits de sa figure, noble et imposante, quelque chose de solemnel, de majestueux, de prophétique même qui en imposait à Fidély. Il semblait à ce jeune homme qu'un Dieu lui annonçait ses décrets ; il restait alors interdit et ne pouvait plus répondre. Fidély, dans ce moment, regarda Gérald, et ne put que lui dire : Eh bien, mon père, allons, marchons ; je vous suivrai par-tout.... mais au moins, puisque vous avez tant de puissance, pourriez-vous me donner des nouvelles d'Inèsia ? — Tu en auras. On doit me désigner la route que prend son ravisseur. J'enverrai... sois tranquille ; tu sauras ses moindres démarches.— Mais si ce Léonardo allait la forcer à l'épouser ? — Il ne l'épousera pas. — S'il attente à sa vertu ? — Inèsia mourrait plutôt. — Je la perdrais donc. — Tu ne la perdras pas ; je lui enverrai quelqu'un... Je ne m'explique pas ; laisse-moi faire, et montre à ton père autant de résignation que de soumission et de courage. —Du courage, mon père! mon bras, s'il le faut !... —Non, j'entends le courage qui est nécessaire pour supporter l'adversité; car, je le répète, nous avons encore bien des épreuves à subir. Viens, mon Fidély; dans quelques jours tu seras bien content de ton père et tu pourras encore écrire à Inèsia.

En parlant ainsi, ils marchèrent, et s'arrêtèrent à Birnau, où Gérald écrivit la lettre qu'on a vu remettre de sa part à l'archevêque. De-là ils continuèrent leur route, et arrivèrent, le quatrième jour, à la fontaine Sainte-Catherine; car ils s'étaient reposés plusieurs fois tant à Rabasteins qu'à Tarbes et à Lourde.

Il était neuf heures du soir, et la nuit commençait à voiler les objets, quand Gérald fit entrer Fidély et les deux enfans dans le caveau du réservoir de la fontaine. Cela surprit étrangement Fidély, qui s'imagina que son père allait lui faire passer la nuit là, sans qu'aucun d'eux prît la plus légère nourriture.... Mais sa surprise redoubla quand, en entrant dans ce caveau, il vit qu'il y avait déjà là du monde, qui les attendait, apparemment. A la clarté de plusieurs lanternes, Fidély reconnut d'abord Vernex, qui était vêtu proprement, comme à son ordinaire ; puis, il reconnut de même les trois officiers qui étaient venus à l'hermitage, la veille de leur départ ; ces officiers portaient leurs uniformes, et, derrière eux, on distinguait sept à huit autres officiers, mais de grades au dessous de ceux des premiers.

C'est bien, messieurs, leur dit Gérald,

Gérald, vous avez été ponctuels au rendez-vous.

Les officiers baissèrent la tête en signe de respect, et répondirent en italien, ce qui fit que Fidély ne comprit pas un mot de ce qu'ils dirent.

Gérald reprit en français : Dès ce moment, messieurs, je vais profiter de vos offres.

Il continua en italien ; les autres en firent autant, ensorte qu'il s'établit une conversation tout à fait inintelligible pour Fidély ; quand elle fut terminée, Vernex déploya deux vêtemens complets de pélerins, et engagea Fidély à s'en revêtir d'un. Fidély, voyant que son père s'affublait de ces singuliers habits, imita son exemple. En peu de temps Gérald eut au menton une longue barbe, qui descendait sur sa poitrine ; un camail, garni de larges coquilles, couvrit ses épaules, et il suspendit à son col le reliquaire que lui avait donné le chanoine Sably, renfermant un os du pied de Saint-Léotalde. Le jeune homme eut une fausse barbe noire, beaucoup plus courte ; tous deux prirent une gourde, un bourdon, un rosaire et un grand bâton. Quand cela fut fait, Gérald dit en français à ses amis : N'oubliez pas que je m'appelle *Il Sosio;* que ce nom doit répandre par-tout l'effroi, la terreur, mêlés de respect et de soumission. Retenez bien que ce nom magique ne doit être prononcé que dans de grandes occasions? — Oh! répondit Vernex, tout cela est déjà préparé. J'ai moi-même donné à monsieur l'intendant de cette province ce nom fameux d'*Il Sosio*, en l'appuyant de preuves *très-claires* du mystère qu'il renferme, et monsieur l'intendant en a paru frappé. — C'est fort bien ; qu'il fasse son devoir ainsi que tous les autres magistrats auxquels nous serons obligés de confier ce nom terrible ; c'est tout ce que nous leur demandons. Quant à monsieur le marquis d'Arloy, mon fidèle compagnon, il s'appellera *Paoli*, nom composé de celui de ma chère Paola, qui repose dans ce souterrain, et que plusieurs de vous ont bien connue.

Plusieurs voix répètent : Oh ! oui, oui, nous l'avons bien pleurée, cette femme parfaite et si infortunée !

Mes amis, reprend Gérald d'une voix altérée, mes bons amis, vous m'arrachez des larmes. Elle est là, là ! Oh, puisse-t-elle ratifier tous les sermens que vous voulez bien faire pour la venger, elle et son malheureux époux !

Gérald essuie ses larmes et continue : Ainsi, tous mes arrangemens sont bien pris ? ah ! j'oubliais......

Il poursuit en italien, et la conversation reprend dans cette langue, après quoi, la porte du caveau s'ouvre, et chacun se disperse dans la campagne.

Gérald et Fidély sortirent aussi, et comme il n'y avait aucun danger pour eux d'aller passer le reste de la nuit dans la maison de Vernex, ils s'y rendirent, accompagnés de ce fidèle ami, et des deux enfans chargés toujours de leurs effets. Tous se livrèrent à un repos nécessaire, et le lendemain, Gérald, après avoir causé long-temps en particulier, avec Vernex et son fils Georges, conduisit ce dernier à la chambre de Fidély, qui avait passé une nuit des plus agitées. Fidély n'avait pas été enfermé, la veille, dans cette chambre, comme on l'avait fait tous les soirs, dans le temps de son premier séjour à cette maison, et cela l'avait surpris. Il vit donc entrer Gérald, tenant Georges par la main, et qui lui dit : Mon fils, je te tiens parole. Voilà le messager que j'envoie à Inèsia, et qui lui portera de nos nouvelles en même temps qu'il nous donnera des siennes. Georges est adroit, intelligent ; il observera tout ce que je lui ai recommandé. Vas, Georges, vas où je t'ai dit, et écris nous le plutôt possible. Il te suffira de mettre sur tes lettres : Au seigneur *Il Sosio*; elles me parviendront par-tout où je serai, et, toujours sous le plus grand secret. Allons, pars

Georges s'en alla, et Gérald, regardant Fidély, lui dit avec tendresse : Es-tu content, mon Fidély ? —Mais, mon père, un enfant de son age.... — Est ce qu'il me faut, mon ami ; il n'inspire aucune méfiance.— Vous savez donc où est Inésia en ce moment ? — Je le sais.—Et vous me le cachez ! — Ne connais-je pas les amans ! ils quitteraient leur père pour leur maîtresse.—Vous me faites injure.... Mais quelle conduite va tenir ce jeune Georges ? Peut-il arracher Inésia des mains de son ravisseur ? — Si je le voulais, Georges, jeune et faible à tes yeux, recevrait de moi assez de pouvoir pour nous la ramener ; mais le temps n'est pas encore venu. Qu'il te suffise, en attendant, que je fasse épier ton amie et Léonardo. Je te réponds qu'Inésia va devenir beaucoup plus tranquille à l'arrivée de Georges.... Mon fils, encore quelques preuves de ta soumission, et tu sauras tout.

Fidély, froissé par tant d'événemens, eut un léger accès de fièvre, qui le retint deux jours enfermé. Quand il eut recouvré sa santé, Vernex, apprenant le retour du baron au château de Salavas, fit sentir à Gérald qu'il ne pouvait plus rester sans danger, si voisin d'un ennemi aussi perfide. Je réponds bien, ajouta-t-il, de votre liberté ; je défie le baron d'y attenter à présent ; mais un homme, qui sait salarier des assassins, est toujours dangereux. —Vous avez raison, Vernex, répondit Gérald ; rassemblez nos amis, et qu'ils soient prêts à m'accompagner, demain matin. Qu'ils prennent des vêtemens rustiques, et marchent isolément, comme s'ils étaient de simples habitans de ces campagnes, pénétrés d'admiration pour moi, et réunis pour me voir passer, cela ne donnera aucun soupçon, et servira à répandre par-tout l'effroi que doit inspirer mon nouveau nom d'*Il Sosio*.

La nuit suivante, on se rendit à la fontaine Sainte-Catherine, où les mêmes officiers se retrouvèrent, et prirent, en italien toujours, les ordres de Gérald. Ces officiers et leur troupe s'habillèrent comme les paysans, et nos deux pélerins sortirent le matin, au milieu de ce cortége nouveau. Les villageois du voisinage vinrent se joindre, par curiosité, à cette petite caravane, et le pélerin Gérald, se courbant comme un vieillard cassé, s'appuyant sur son bâton et sur le bras du pélerin Paoli, reçut les bénédictions de cette foule, qu'on avait prévenue d'avance sur l'arrivée d'un saint personnage.

Ce fut en traversant ainsi la plaine, qui conduit de la fontaine Sainte-Catherine à Barrége, que nos deux pélerins rencontrèrent le baron et Le Roc. Le mot fut donné sur-le-champ par Vernex, et l'on essaya, pour la première fois, sur ces deux misérables, le nom mystérieux d'*Il Sosio*, qui, prononcé à haute voix, par Gérald lui-même, fut répété de bouche en bouche, et produisit un si grand effet sur tous les assistans. On eut soin d'écarter, comme on l'a vu, le baron et Le Roc; puis, arrivée à une chaîne de montagnes, la troupe se dispersa, et laissa Gérald et son fils seuls avec leur ami Vernex. Vernex lui-même se sépara d'eux, en promettant qu'il les reverrait bientôt. Gérald alors prit la main de Fidély, et tous deux, marchant à grands pas, vinrent coucher le soir à Saint-Bertrand. Le lendemain, ils repartirent, et voyagèrent ainsi chaque journée, à pied, toujours sous leur déguisement, jusqu'à ce qu'ils fussent arrivés à Marseille. Laissons-les dans cette ville, où nous les retrouverons bientôt, et informons-nous, dans le Chapitre suivant du sort que la belle Inèsia a éprouvé depuis son enlèvement.

CHAPITRE VI.

La Rose et la Grotte mystérieuses.

Lorsque le baron de Salavas fut descendu de la chaise de poste, et qu'Inèsia y vit monter Léonardo avec un inconnu, elle jeta des cris aigus, et des torrens de larmes coulèrent de ses yeux. Le postillon, qui était vendu aux ravisseurs, ne prenant pas garde à ses cris, la voiture vola toujours. Elle s'arrêta au lever de l'aurore, dans une campagne aride, à la porte d'une petite maison isolée, où une femme d'un certain âge, et bien mise, reçut les voyageurs et les introduisit dans une pièce dont les fenêtres étaient grillées. Là le perfide Léonardo se jeta aux pieds de la jeune personne, et rejeta sa faute sur la violence de sa passion. Inèsia l'accabla en vain de reproches, qui parurent ne point l'affecter. On lui servit une collation, à laquelle elle ne voulut point toucher, et comme elle était d'une faiblesse extrême, l'hôtesse de la maison la mit, toute habillée, sur son propre lit. Inèsia prit un bouillon, sur le soir, et s'endormit. Elle fut fort étonnée, à son réveil, de se retrouver dans la même chaise de poste avec Léonardo et son domestique. Sa surprise redoubla quand on lui dit qu'elle avait voyagé ainsi trois jours sans se réveiller ; elle comprit qu'on avait mis un fort narcotique dans le bouillon de l'hôtesse si prévenante, et elle fut indignée d'une pareille audace.

On la descendit, cette fois, chez un vieux laboureur qui fit à Léonardo les plus grandes courbettes, et lui promit de bien garder sa prisonnière. Elle passa là une nuit très-agitée, refusant de prendre de la nourriture, dans la crainte qu'on ne la replongeât dans un pareil sommeil. Exténuée de besoin cependant, elle accepta, de la main de la femme du laboureur, qui avait l'air d'une bonne personne, un potage qui lui rendit des forces. On la laissa reposer une journée, et le soir, on la força de remonter dans la chaise de poste qui repartit. Léonardo était aux plus petits soins; il demandait sa grace, et jouait le rôle de l'amant le plus passionné.

Ils ne voyagèrent ainsi que de nuit. Chaque matin, Léonardo descendait chez des gens qui lui étaient dévoués et obéissaient à ses moindres ordres. Enfin, par une nuit très-obscure, la voiture traversa une grande ville, où régnait le silence, et Léonardo apprit à Inèsia qu'ils étaient dans Bologne, et arrivaient, pour le moment, au terme de leur voyage.

La voiture cependant ne s'arrêta pas à Bologne; elle sortit même de cette ville par la porte de Sarragossa, sur le chemin de Lorette, à droite du portique de trois milles de long, qui conduit à la *Santa Madona della Guardia,* où se voit une vierge qu'on dit peinte par saint Luc. Derrière le portique, dans un fond, était un château magnifique, sous la porte duquel la voiture entra et s'arrêta enfin dans une vaste cour. Des domestiques, chargés de flambeaux, l'entourèrent, et portèrent la malheureuse Inèsia, privée presque de sentiment, jusque dans un superbe salon, où ils la déposèrent sur un canapé, et se retirèrent tous. Léonardo, resté avec

Inésia, se jeta à ses genoux, la supplia de nouveau de lui pardonner et ajouta: Femme adorable, pour qui je meurs d'amour, vous êtes ici chez vous. Ordonnez, commandez ; hors la liberté, vous y aurez tout ce qui pourra vous être agréable.—Hors la liberté, monsieur! Et de quel droit osez-vous me la ravir? — Devenez ma femme, elle vous sera rendue.—Moi, la femme d'un ravisseur que je hais à l'égal de la mort! on m'arrachera plutôt la vie! — Me préserve le ciel de vouloir attenter à vos jours si précieux ! Je veux au contraire, par ma soumission, par mes soins empressés, vous faire abjurer cette haine dont vous me menacez. Sans cesse à vos pieds, votre esclave fidèle parviendra à fixer sur lui quelques-uns de vos regards, et peut-être votre haine devenant de l'indifférence, cette indifférence se changera-t-elle à son tour en un sentiment plus favorable à mes vœux.

Léonardo appelle : Ariana ! mademoiselle Ariana !

Mademoiselle Ariana accourt. C'est une femme de charge qui paraît avoir soixante ans au moins et qui répond : Que désire monseigneur ? — Je vous ai déjà défendu, Ariana, de m'honorer de ce titre, qui ne me convient point. — C'est vrai; je l'avais oublié. — Ariana, servez cette belle personne d'après les instructions que je vous ai données, et n'oubliez pas de lui prodiguer les plus petits soins. La récompense que je vous destine sera proportionnée aux égards que vous aurez pour elle, et au zèle que vous mettrez à me servir.

Ariana fait un signe d'obéissance à Léonardo et une profonde révérence

rence à Inèsia, en disant : On m'avait bien assuré que la pupille de M. le baron de Salavas était charmante; mais je ne la croyais pas si parfaite que cela. Comptez sur moi, bel ange; je suis toute à votre service.

Elle se retire. Léonardo continue: Eh bien, mademoiselle d'Oxfeld, comment vous sentez-vous ? Sans doute, après les fatigues d'un voyage tel que celui que vous venez de faire, vous avez besoin de repos. Je me retire pour vous laisser le loisir de vous mettre au lit.

C'était tout ce qu'Inèsia désirait. Quand il fut parti, la demoiselle Ariana rentra. O mon Dieu, bel ange, dit cette fille, que vous êtes pâle! vous avez l'air de beaucoup souffrir ? — Si je souffre, grand Dieu ! Comment est-il possible qu'on m'ait transportée ici sans que j'aie trouvé des libérateurs? J'ai traversé des villes, des campagnes habitées, et personne n'a entendu les cris d'une malheureuse victime! —Cela n'est pas étonnant, bel ange; je puis vous le dire en confidence; c'est que monseigneur, je veux dire mon maître, avait envoyé, en avant de la voiture, un piqueur qui ne cessait pas de dire aux passans : Respectez les voyageurs de la chaise qui me suit; elle renferme le seigneur Léonardo. — Quoi, ce nom si simple... — Ce nom si simple en cache un autre plus imposant que le piqueur de mon maître nommait aux passans en place de celui-ci. Vous entendez bien que lorsqu'un grand seigneur passe quelque part, personne ne se mêle de ses affaires. — Votre maître est donc un grand seigneur? — Vous venez de voir qu'il m'a défendu de le désigner comme tel. — Et pourquoi me le cache-t-il, à moi, qu'il veut honorer du titre de son épouse ? — Je... je ne peux pas vous dire ses intentions. Mon devoir est d'obéir à mon maître. — Il vous aura ordonné de me faire garder à vue ? — C'est vrai, il ne faut pas que vous sortiez ; à moins que ce ne soit dans les jardins qui sont immenses. — Malheureuse que je suis !... Et me sera-t-il permis au moins d'écrire à mes amis, aux personnes qui s'intéressent à moi ? — Oh ! vous pouvez écrire tant qu'il vous plaira, sur-tout à madame la marquise d'Arloy. — Vous connaissez la marquise d'Arloy ? — (*elle soupire*) Cette histoire, voyez-vous, c'est mon secret.... mais cette marquise ne pourra rien pour vous. Soyez bien sûre que personne n'aura la hardiesse de venir vous retirer d'ici ! — Pourquoi ? — Je vous dis que nulle puissance humaine ne peut vous arracher de ce château qui appartient à mon maître.

Inèsia sentit qu'apparemment Léonardo était un homme d'un très-haut parage, et elle versa des larmes sur le sort cruel qui lui était réservé. Elle entra dans la chambre à coucher qu'on lui avait destinée, et sans faire attention à la richesse de l'ameublement, elle se mit au lit où elle eut le bonheur de goûter quelques heures de repos.

A son réveil, Ariana l'invita à passer à une table richement servie, où elle retrouva Léonardo. Léonardo, nous l'avons déjà dit, était un cavalier des mieux faits, et dont les traits, doux, enchanteurs, annonçaient la candeur et la bonté, qui n'étaient nullement dans son ame. Inèsia, en levant les yeux sur lui, se dit :

est-il possible que ce jeune homme cache tant de défauts sous un extérieur aussi séduisant !

Il la regardait avec timidité et la suppliait de s'asseoir. Elle céda : Monsieur, lui dit-elle, il paraît que vous m'avez entraînée dans un piége affreux de toutes les manières, car il vous est impossible de m'épouser. — Pourquoi donc impossible, belle Inèsia? — Si vous êtes un grand seigneur! — Qui vous l'a dit? — Personne; mais j'en juge d'après mes remarques, et, dès l'instant que vous me le cachez, c'est que vous avez l'intention de me séduire, de faire pis que cela, peut-être ; ô mon Dieu !

Elle cache sa figure dans ses mains. Léonardo lui répond : Vous me croiriez capable!... O! mademoiselle, que vous me rendez peu justice! Votre tuteur me connaît; il sait la pureté de mes intentions ; sans cela, aurait-il favorisé mon amour au point !... — Oh ! monsieur, pourquoi faut-il que mon devoir m'empêche de lui donner devant vous tous les noms odieux qu'il mérite !... Etait-ce à lui à seconder votre folle passion ? — S'il l'a fait, c'est qu'il sait que ma passion n'est point folle, et que mon but est d'être assez heureux pour devenir votre époux. — Qui êtes-vous ? que je sache au moins l'état et le vrai nom de mon ravisseur ? — Mon vrai nom, c'est Léonardo, je vous le jure. C'est sous ce nom que votre tuteur me connaît depuis trente ans ; car il m'a vu naître. J'ai de la fortune, un grade militaire assez honorable ; je puis assurer à mon épouse un sort des plus brillans. Consentez à la devenir : dès demain un ministre des autels peut nous unir dans la chapelle de ce château ; et nous serons à jamais heureux. — Mais, monsieur, vous ne me parlez point de votre famille ? Jeune encore, vous avez sans doute un père, une mère, des parens riches, titrés comme vous ? — Ma mère mourut en me donnant le jour, et j'avais dix ans quand je perdis le meilleur des pères, par un accident des plus affreux. Ainsi, vous voyez que je suis libre de mes volontés ; personne n'a de droit sur mes actions. — Il est aisé de le croire ; car la conduite que vous tenez envers moi serait assez répréhensible pour que des supérieurs, si vous en aviez, dussent vous en punir ; et, si j'invoquais les lois...

Léonardo sourit et répond : Oh, les lois ! elles ne peuvent m'atteindre ; que ce mot vous suffise. — Vous êtes donc au dessus d'elles ? — Je ne crains rien de ce côté ; c'est tout ce que je puis vous répondre. — En ce cas, monsieur peut être scélérat avec impunité. — Scélérat ! belle d'Oxfeld, le mot... — Est juste. Il y a de la scélératesse à enlever d'un asile saint et paisible une jeune personne timide et sans appui. Il y en a plus encore à la retenir malgré elle dans un château, à en faire une héroïne de roman, sans qu'elle puisse deviner quel sera le dénouement de sa triste aventure. Abuser ainsi du privilége de la fortune, de la noblesse sans doute, peut-être de la grandeur, c'est, je vous le répète, monsieur, le comble de la scélératesse ! — L'amour, belle Inèsia, ne fait-il pas tout excuser ? — Eh ! monsieur, j'aimais aussi ! Fidély m'aimait, et, tous deux, nous avons sacrifié notre amour à notre devoir. — A propos, ce jeune marquis

quis d'Arloy, mademoiselle, savez-vous pourquoi il s'est attaché ainsi à un misérable tel que ?... — Ce Frère Fulgence ! Je sais, monsieur, que vous êtes son ennemi, son persécuteur, et cela ne m'avait pas donné d'abord une très-bonne opinion de vous.—Cet homme est coupable d'un grand crime ! et...

On apporte une lettre à Léonardo, qui la lit, change de couleur et s'écrie : Cela est-il croyable ! On voudrait me ravir ma victime !.... Mais sans doute Salavas m'a servi.... Je cours.... Pardon, mademoiselle, une affaire pressante va m'occuper, peut-être pendant plusieurs jours. Employez-les à vous remettre de vos fatigues, de votre trouble, et, guidée par la raison, par les réflexions que vous impose la nécessité de céder à mes vœux, vous me reverrez peut-être avec moins de haine et plus de pitié pour l'excès de mon amour.

Il se retire.

Il se passa en effet une semaine entière sans qu'il donnât de ses nouvelles. Pendant ce temps, Inésia, que la vieille gouvernante s'efforçait de consoler, visita le château, les jardins, et reprit un peu de forces. Elle écrivit à la marquise, à l'archevêque d'Auch, leur demanda des conseils et leur protection pour briser les fers dont l'avait chargeé un odieux ravisseur. Elle fit partir ces lettres, et, en attendant les réponses, elle éprouva moins de trouble et d'inquiétude.

Elle était traitée par les domestiques avec les plus grands égards, le plus profond respect; mais elle ne pouvait pas sortir du château dont les grilles et toutes les issues lui étaient fermées; elle était d'ailleurs acompagnée sans cesse par Ariana, et quand elle ne l'eût pas été, elle savait que tous ses efforts pour sortir de sa prison seraient inutiles.

Un soir qu'elle rentrait du jardin avec Ariana, elle vit accourir vers elle un jeune garçon qui paraissait attaché aux cuisines, et qui lui apportait une superbe rose. J'ai vu, dit-il, cette fleur cassée au beau rosier la bas, par accident apparemment, et je me suis hâté de l'offrir à madame.

Pendant qu'Ariana dit au jeune homme : c'est bon, c'est bon, petit drôle ; retournez à votre besogne, et sachez que personne ici n'a le droit de parler à madame sans ma permission !.... Inèsia examine la rose, et se sent piquer le doigt par une épingle. Elle arrache à la hâte cette épingle, et voit qu'elle contient un petit papier roulé dans le cœur de la rose. Elle cache soudain, dans son sein, ce papier, qui renferme sans doute un avis utile, et engage la vieille gouvernante à ne pas gronder cet enfant qui se sauve d'un air tout honteux.

Aussitôt qu'Inèsia est seule, elle s'empresse de lire le papier de la rose, et y trouve ce qui suit : *Votre sort va changer. Vous reverrez Fidély. Patientez. Ayez même des égards pour votre ravisseur, et comptez sur l'appui certain de*

IL SOSIO.

Il Sosio, se dit-elle ! quel est ce personnage ! comment me connaît-il ? pourquoi s'intéresse-t-il à mon sort ? Il m'engage à avoir de la patience, des égards même pour Léonardo ! Serait-ce lui qui jouerait ce rôle pour m'engager à la patience, à la douceur ?.... mais il ne me dirait pas que je reverrai Fidély. C'est donc un protecteur inconnu, que le ciel m'envoie. O bonté divine! vous n'abandonnez donc jamais l'innocent persécuté ?... Qui que tu sois, généreux inconnu, je suivrai tes conseils, et je t'attendrai comme un ange consolateur !... Mais quel est ce jeune garçon qui m'a remis une rose aussi précieuse ? Un envoyé sans doute de ce *Il Sosio*... Singulier nom! jamais homme fut-il appelé ainsi ?

Inésia passe la nuit à réfléchir, et, le lendemain matin, dès qu'elle revoit Ariana, elle lui dit en souriant: J'espère que vous n'avez pas chassé ce pauvre petit domestique d'hier soir, pour une chose qu'il croyait m'être très-agréable ? — Non, mon bel ange; mais il a été joliment grondé. Des gens pareils doivent-ils se permettre ainsi d'approcher l'amie de leur maître. — Il est peut-être nouvellement entré ici ? — Vous l'avez dit ; il n'y est que d'hier matin. Il fut présenté au maître-d'hôtel de monsieur, qui est un homme d'âge et d'expérience. Il a causé quelque temps avec lui, et sur-le-champ notre maître-d'hôtel l'a placé dans les cuisines. Quand je lui ai demandé d'où venait cet enfant, ce qu'il était, à qui il appartenait, par qui enfin il était présenté, il m'a répondu : Ma chère demoiselle, il m'est donné de bonne main ; jamais vous n'aurez ici un domestique mieux recommandé... Mais laissons, mon ange, ces gens là pour ce qu'ils sont, et parlons d'autre chose. Avez-vous bien passé la nuit ? — Très-bien. — J'en suis charmée. Nous avons des nouvelles de monsieur. Encore huit jours et il sera ici. Il nous recommande toujours son Inésia chérie : oh, mon enfant, c'est un homme qui vous adore. —Si je n'en étais pas persuadée, si je n'avais pas attribué à l'excès d'une folle passion la violence dont il a usé envers moi, je crois que, pour me séparer de lui, j'aurais attenté à mes jours. — *O Santa Madona!* que dites-vous, mon bel ange! il vous aurait suivie au tombeau, et nous eussions perdu le meilleur des maîtres. Résignez-vous plutôt, mon enfant, résignez-vous, et tâchez de vaincre vos préventions contre lui. Je vous dis qu'il est amoureux jusqu'à la folie. Il faut bien avoir un peu de pitié des maux que l'on cause. Allons, descendons au jardin. Nous visiterons aujourd'hui la belle grotte du fond de la cascade; nous jouirons là du doux murmure des eaux, et du frais le plus délicieux. Vous ne l'avez pas encore vue, la grande grotte?— Je l'ai aperçue; il me semble qu'elle est bien loin!—Il est de bonne heure; nous avons du temps; c'est vraiment une chose admirable.

Inèsia suivit par complaisance la vieille gouvernante qui la conduisit à cette grotte où l'on descendait par des chemins sinueux, et du haut de laquelle tombait, sur le devant, une nappe d'eau limpide et argentée.

En levant la tête pour examiner les pierres de la voûte, qui semblaient menacer ruine, les deux dames virent avec étonnement qu'on avait écrit sur le rocher ces mots avec un crayon rouge: *Attendez Il Sosio!*—Miséricorde, s'écrie Ariana! *attendez Il Sosio!* Est-ce une menace qu'on nous fait? Je suis toute tremblante. S'il venait ici, je serais perdue. — Comment cela, demande Inèsia ? quel est cet homme ?

La vieille, sans lui répondre, poursuit ses exclamations : O mon Dieu ! *Il Sosio !* est-ce qu'il reprend ses fredaines ! Vous ne savez pas, bel ange, ce que c'est qu'*Il Sosio ?* Son nom seul fait trembler tout le monde. — Je ne vois pas qu'il ait quelque chose d'effrayant. — D'effrayant, *Santa Maria !* c'est une chose des plus terribles. Je ne peux pas vous la dire ; non ; il est défendu de dire quel est le personnage qui se cache sous ce nom vraiment magique. Il y va de la vie. — De la vie ! — On serait au moins enfermé pour le reste de ses jours. Qui a donc pu l'écrire là ? Il faut l'effacer dans tous les cas, et se bien garder que monsieur Léonardo trouve la moindre trace de ce nom, qui lui imprimerait la même

terreur qu'à moi.—La même terreur!
— Oh, vous le verriez pâlir et perdre connaissance s'il savait qu'*Il Sosio* dût mettre un seul pied dans son château.

Et la vieille se hâte de gratter et d'effacer l'inscription. Quand elle a fini cette besogne, elle dit : Retirons-nous de ce lieu; ce nom redoutable m'y a fait une telle peur, que je n'ai plus de sang dans les veines.

Un domestique se présente et dit à Ariana : Je vous cherche par-tout depuis une heure, mademoiselle. La fermière, qui va à la ville, vous attend pour recevoir vos ordres. — J'y vais. — Pardon, mademoiselle d'Oxfeld, si je vous quitte un moment? Promenez-vous là, de ce côté; je vais revenir, je vais revenir.

Elle s'éloigne avec le domestique.
Inèsia est au comble de la joie de

voir l'effet que produit le nom de son protecteur inconnu. Il faut que ce soit un bien grand personnage pour faire trembler Léonardo lui-même! Dès qu'elle se voit seule, elle retourne à la grotte, et examine, en réfléchissant, la place où l'on avait écrit ces mots singuliers qui, sans doute, ne devaient être clairs que pour elle. A l'instant, une pierre se détache, roule à ses pieds, avec un papier où elle lit : *Ecrivez au Frère Fulgence, à votre cher Fidély. Vous mettrez vos lettres dans le trou qu'a formé cette pierre, vous la rétablirez ensuite à sa place, et vous y trouverez de même les réponses de vos amis. De la prudence? et sur-tout ne cherchez pas à connaître celui qui vous donne cet avis; il serait perdu, s'il était connu.*

Inèsia se hâta de remettre la pierre à sa place, et comme, dans ces sortes de ruines artificielles, tout offre des fentes, des joints, il ne parut pas que cette pierre eût été détachée.

En sortant de la grotte, Inèsia vit s'en échapper le même jeune garçon qui, la veille, lui avait remis la rose. Elle l'appela. Georges Vernex (car c'était lui) regarda de tous les côtés, et, voyant qu'il n'était aperçu de personne, il vint à elle. Que me veut madame, lui dit-il, d'un air timide et respectueux? — C'est toi qui viens de jeter là dedans?... — Oui, madame. — Tu te chargeras donc de nos lettres? — Oh! oui, madame. — Et, dis-moi, mon cher ami, qui t'a placé ici? — Il ne faut pas le dire; c'est *Il Sosio*. — *Il Sosio!* — Lui-même. D'après la terreur qu'inspire son nom, je l'ai décliné au maître-d'hôtel; qui soudain m'a admis, et tous deux nous nous sommes promis le secret. — Quel est donc ce *Il Sosio ?* — Pardon, madame, j'entends du bruit; je me sauve.

Inèsia est aussi avancée qu'auparavant. Elle sait cependant que son protecteur a placé ce jeune homme au château pour lui être utile, et elle remercie le ciel de ce secours inattendu.

Elle profite de l'absence d'Ariana pour rentrer chez elle, écrire soudain à son cher Fidély, et elle a le temps de revenir placer sa lettre derrière la pierre, avant le retour de la duègne.

CHAPITRE V.

Consolations pour une tendre mère.

Madame, madame, dit Micheline en accourant vers la marquise d'Arloy, qui est dans son salon; oh! madame, voilà trois lettres qui vous arrivent à la fois. L'une est venue par le courrier, et les deux autres ont été apportées par un inconnu; mais, ce qu'il y a de singulier, c'est que, ou je me trompe fort, celle du courrier est de l'écriture d'Inèsia, et, dans les deux de l'inconnu, il y en a certainement une de l'écriture de votre fils. — De Fidély? — Oh! bien sûr; tenez, voyez. — Commençons par celle-là, Micheline : oh! oui, c'est bien de la main de mon fils.

Elle l'ouvre et lit : *De Marseille, ce 30 mai 1702.*

Je profite de quelques heures de repos que nous allons goûter dans cette ville, pour vous apprendre, ô la meilleure des mères, que nous reverrons bientôt Inèsia. L'homme respectable que j'accompagne, dont j'ignore toujours les malheurs, est néanmoins digne de confiance. Il m'assure que, dans peu, Inèsia sera remise entre vos bras maternels. Il prétend aussi que je serai moi-même libre de vous revoir, de vous embrasser, et c'est lui qui me charge de vous apprendre ces bonnes nouvelles. Il veut de plus, assurant que vous comprendrez cela beaucoup mieux que moi, qui ne sais ce qu'il veut dire, il veut que vous sachiez qu'Inèsia et moi nous sommes protégés par un grand person-

nage qui voyage maintenant dans ces contrées, sous le nom d'*Il Sosio*....

La marquise s'interrompt en s'écriant: Juste ciel! quel nom ai-je lu! serait-il possible!.... Oui, il y a bien là *Il Sosio*. Oh! tout mon sang se glace! — Qu'avez-vous, madame, lui demande Micheline? vous changez de couleur. — Qui pourrait lire un nom pareil sans être troublée! troublée... de respect, de crainte et de joie. *Il Sosio* protégerait mon fils! *Il Sosio* nous rendrait Inésia! Il en a bien le pouvoir, celui-là; et tous les Léonardos du monde, quelque puissans qu'ils fussent, ne pourraient la retenir malgré lui. Oh! quel bonheur, quel bonheur inespéré! — Je partage votre joie, ma bonne maîtresse; mais je ne comprends rien à vos exclamations. Qu'est-ce que c'est que

que ce *Sosio*, s'il vous plaît ? — *Il Sosio*, Micheline ! c'est... Mais conçoit-on qu'il daigne protéger mon fils ! — Daignez donc m'apprendre... — *Il Sosio*, Micheline ! — J'entends bien, madame. C'est donc un... — C'est un ange tutélaire pour nous. Malheureusement, Micheline, il est défendu, sous les plus grandes peines, de le dévoiler. Je dois respecter l'anonyme qui le voile à tous les regards; mais je n'en conçois pas moins les plus hautes espérances. A la vérité, j'ignore la manière dont il veut protéger mon fils, puisque je ne sais pas le grand événement, le fatal secret qui le concernent. Mais il me le rendra ; Fidély reviendra, il me l'affirme lui-même. O mon Dieu : *Il Sosio !...* Mais continuons ma lettre : *Il Sosio*, ma mère, n'est autre que mon compagnon de voyage, ce même aveugle de la fontaine Sainte-Catherine, ce même Frère Fulgence enfin que vous avez vu à l'hermitage... Cela est-il croyable! Je ne m'étonne pas des égards que M. l'archevêque avait pour lui. Mais, dans ce cas, pourquoi craignait-il tant le baron de Salavas, ce Léonardo? Un mot de lui les eût fait rentrer dans la poussière. Poursuivons : *Que vous avez vu à l'hermitage.* Ah! j'y suis : *Tout fuit, tout tremble à son approche, et jugez de ma surprise, moi qui ne sais pas quelle espèce de talisman est attaché à ce grand nom.* Quel talisman? Il n'y en a pas de plus fort : *Il relit ma lettre, il la trouve bien; il m'ordonne d'ajouter qu'il va vous écrire et vous envoyer sa lettre avec la mienne par l'un de ses gens. Adieu,* etc. Sa lettre, c'est sans doute cette seconde qu'on a remise ici avec celle de mon fils. Voyons et lisons ces caractères sacrés avec tout le respect qu'ils méritent.

La marquise décachète l'autre lettre et lit : *Madame, tout ce que vous écrit Fidély est exactement vrai. Je suis, pour le moment, Il Sosio. Vous savez quel silence sévère on doit observer sur celui qui porte ce nom redoutable. Servez-vous en donc sans me nommer. Je vous rendrai Inèsia ; et, si quelques mois s'écoulent encore sans que je vous ramène Fidély, ne vous en prenez qu'à la guerre qui s'allume en ce moment entre l'Empire d'Allemagne, l'Espagne et le Milanais.... Vous me comprenez?... Je vais bientôt reparaître tel que je suis, et j'emmènerai Fidély avec moi; c'est vous dire assez quelle carrière il doit parcourir. Vous partirez pour*

Bologne, au reçu de ma lettre ; vous m'y attendrez à la LOCANDA REALE. *Dans huit jours j'y serai et vous rendrai, comme je vous l'ai promis, votre chère Inèsia. Vous y embrasserez votre fils, pour la dernière fois, comme pélerin. Il ne reparaîtra plus après, à vos yeux, que sous l'habit et le grade qu'il aura mérités. Adieu, bonne mère. Je vous avais promis un avenir ou plus triste, ou plus brillant ; le ciel a voulu qu'il devînt tel que je le désirais. L'horizon s'éclaircit ; mes ennemis vont rentrer dans la poussière, et j'espère en triompher ; mais il faut encore du temps, et quelque peu éloigné qu'il puisse être, je vous exhorte toujours à la patience et à la résignation.*

IL SOSIO.

La marquise est transportée de

joie. Elle baise cette lettre; elle remercie le ciel, et s'écrie : O Micheline! que ne puis-je te dire quel est ce grand homme qui daigne m'écrire ainsi! Tu vois qu'il me recommande le silence. C'est une chose bien extraordinaire! Quoi, mon fils a le bonheur d'avoir un pareil protecteur! Voilà de ces coups du sort auxquels on ne s'attend pas! Cependant, quand j'y pense, pourquoi donc ce puissant *Il Sosio* a-t-il tant redouté le baron de Salavas? Pourquoi a-t-il demandé son pain comme aveugle? Quelles relations peut-il avoir eues avec le baron et son Léonardo, qui se vantaient d'avoir un ordre pour le faire arrêter? Et la fin de sa lettre même est des plus énigmatiques : il parle d'ennemis, dont il *espère* triompher!.. Cependant *Il Sosio!* il ne peut y en avoir deux. Qui oserait prendre ce nom ? C'est lui, oh ! c'est bien lui, je n'en peux douter. Il a déja voyagé sous ce nom il y a quelques années, et son caractère est apparemment bizarre, amateur des aventures... il faut le croire.

Micheline, toute étonnée, répond: C'est le tour de madame, aujourd'hui, à avoir des secrets, à parler mystérieusement : je ne comprends pas un mot à tout ce que vous dites là. — Je le crois ; il n'y a rien en effet de plus singulier ; et quand je réfléchis sur la manière dont Fidély nous a quittés, sur sa liaison avec ce grand personnage, sur les secrets qui peuvent les concerner, je m'y perds plus que jamais. Cependant, voilà plus qu'un rayon d'espoir ; ce sont des promesses, et des promesses d'un homme tel que !... Nos malheurs finiront, ma pauvre Micheline ; ils finiront, Dieu soit loué ! En attendant, conformons-nous aux ordres qui nous sont intimés. Partons à l'instant, toutes deux, pour Bologne, et installons-nous à la *Locanda Reale*, pour y attendre l'arrivée du grand *Il Sosio*.

La marquise ordonna à Micheline de l'aider à faire les préparatifs nécessaires pour ce voyage. Micheline ne pouvait deviner quelle espèce de personnage était cet homme, qui portait un nom si magique. Il est vrai qu'elle ne savait que depuis peu de jours, et par le baron de Salavas, le nom de Gérald que portait le père de Fidély, et dont le marquis d'Arloy, d'après la prière de ce Gérald, lui avait toujours fait un mystère ; mais elle avait vu cet homme, la nuit de la naissance de Fidély, la suivre, avec son enfant dans ses bras, depuis la fontaine Sainte-Catherine jusqu'au château d'Arloy ; là, cet indigent, vêtu très-mesquinement, s'était vu forcé, par le malheur, de vendre son propre fils à un seigneur opulent. Si c'eût été un grand personnage, eût-il agi ainsi ? Depuis, Micheline a revu cet homme, aveugle, et mendiant sa vie, à la fontaine Sainte - Catherine ; elle lui a parlé plusieurs fois. Il était, il est encore l'objet des persécutions du baron de Salavas, de Léonardo ; il s'est vu forcé de prendre plusieurs déguisemens pour échapper à leurs poursuites. Ils ont voulu attenter à ses jours, il s'est sauvé encore une fois ! Il n'a fait manquer, en un mot, le mariage de Fidély avec Inèsia, que parce qu'il jugeait Inèsia trop riche et trop titrée pour le fils d'un mendiant. Il a dit à Micheline, à son fils, qu'il était un grand coupable,

qu'il

qu'il avait commis des crimes, qu'il devait en faire pénitence toute sa vie! et aujourd'hui, on le dit tout-puissant! Le nouveau nom qu'il a pris fait trembler tout le monde. La marquise, comme tous ceux qui l'entendent, en est terrifiée. Sa lettre même est haute, impérieuse; il ordonne, pour ainsi dire; il promet le bonheur à la marquise, un sort brillant à Fidély. Quel que soit cet homme, il ne peut donner ce qu'il n'a jamais eu. Toujours pauvre, toujours infortuné, c'est aujourd'hui le seigneur *Il Sosio! Il Sosio!* Voilà un beau nom, qui veut dire en français *Le Sosie! Le Sosie* de qui?.... Voilà bien de quoi bouleverser la tête de la bonne Micheline!

Elle cède néanmoins aux vœux de sa maîtresse, et bientôt tout est prêt pour leur départ.

La marquise, dans son trouble, avait oublié de lire la lettre d'Inésia; elle s'en ressouvint à l'instant de monter en voiture, elle la décacheta :

Ma bonne mère, lui disait cette innocente captive, *je suis détenue, contre toute justice, à Bologne, dans le palais du seigneur Léonardo, qu'on dit être un plus grand seigneur qu'il ne veut le paraître à mes yeux. Cela ne prouve-t-il pas qu'il ne cherche qu'à me séduire, quoiqu'il me persécute pour que je lui donne ma main. Ma tête, ma raison, ma santé, tout est chez moi dans le plus grand trouble. Venez, oh, venez réclamer votre fille adoptive. Implorez le secours des lois. Prenez tous les moyens pour m'arracher à une odieuse prison, dans laquelle m'a* plongée mon indigne aïeul. Je me jette à vos genoux ; je n'espère qu'en vous.... Je ne puis en écrire davantage ; car une vieille détestable me surveille, et rentre à l'instant dans mon appartement. Sauvez-moi, ma bonne mère ; oh ! venez me sauver !.....

INÈSIA D'OXFELD.

On voit qu'Inèsia avait écrit et envoyé cette lettre avant l'arrivée de Georges Vernex au château de Léonardo. Elle n'avait pas reçu encore la rose, ni les avis de ce jeune homme. La marquise, après l'avoir lue, s'écria : Cette chère enfant ! oui, j'irai te délivrer, grâce au grand homme qui m'a promis sa protection ; j'y vole de ce pas, ma chère Inèsia, et puisse le ciel te rendre bientôt à tous mes vœux !....

La marquise avait pris, cette fois, sa berline, ses meilleurs chevaux et son cocher; elle monta en voiture avec sa fidèle Micheline, et toutes deux partirent pour Bologne.

CHAPITRE VI.

Consolations aussi pour un amant.

« Priez Dieu pour l'heureux voyage de deux pauvres pélerins, dont l'un est octogénaire, s'il vous plaît ? et daignez leur faire quelque aumône ? »

C'est Fidély, qui, par l'ordre de son père, fait à demi-voix cette prière à la porte de l'abbaye de St.-Victor, à Marseille. Dans ce moment, une foule de curieux y entrait pour y voir la fameuse grotte où l'on dit qu'a demeuré Sainte Magdeleine, et qu'on montre dans cette église. Chacun se signe et prend l'eau bénite que Gérald offre des deux doigts de sa main droite. A l'instant un particulier très-bien vêtu passe et glisse une lettre dans la main de Fidély. Fidély examine la suscription, et croit reconnaître l'écriture de sa bien-aimée Inèsia. Oh, mon père, dit-il tout bas, retirons-nous, de grace? on vient de me remettre une lettre d'Inèsia. — Je le sais. — Vous le savez? — C'est par mon ordre. — Quoi, ce particulier obligeant qui vient de se mêler dans la foule?.... — Tu ne l'as pas reconnu; c'est un de ces gens qui me rendirent visite, une certaine nuit, à l'hermitage.

Fidély frémit en pensant aux figures rébarbatives de ces misérables, qu'il croyait bien n'avoir pas revus depuis. Il s'imagina que le monsieur à la lettre allait se mêler dans la foule pour y dérober des mouchoirs. Il se tut.

Gérald, sentant que son fils était

plus curieux de lire la lettre de sa maîtresse que de solliciter les bénédictions des passans, le mena dans un endroit écarté, où il pût lire tout haut ce que lui mandait Inèsia.

Inèsia lui apprenait qu'un jeune garçon, qui lui était inconnu, avait trouvé le moyen d'entrer, comme domestique, au château de Léonardo, et l'avait flattée de l'appui d'un autre inconnu, nommé *Il Sosio*. Elle lui détaillait enfin tout ce que nous avons déjà su de son séjour chez son ravisseur, et finissait par lui demander des explications sur ce seigneur *Il Sosio*. — Réponds-lui, lui dit Gérald, qu'elle le verra incessamment. — Quoi, mon père, vous irez ? nous irons ?.... — Ne l'as-tu pas promis à la marquise d'Arloy, à qui tu as écrit ce matin ? moi-même je lui en ai donné l'assurance dans ma lettre. Oui, mon fils, nous partons à l'instant pour Bologne. Nous y retrouverons ta respectable mère adoptive et ton Inèsia. — Oh, mon père! vous nous réunirez ainsi?... — Je ne t'ai pas dit que je vous réunirais. Nous briserons les fers de ton amante, et nous la remettrons entre les mains de la marquise qui l'emmènera à Arloy. Pour nous deux, mon fils, nous prendrons une autre route. — O mon Dieu! — De quoi te plains-tu? Ne t'avais-je pas promis que tu recevrais des lettres d'Inèsia, que tu lui répondrais? et n'est-ce pas dans cette intention que j'ai envoyé Georges Vernex au château de ton rival? Il y est installé, tu le vois? — Comment donc a-t-il pu y entrer? — En me nommant. — Gérald? — Eh, non, *Il Sosio* ; c'est mon nom à présent. — Vous me surprenez, et je ne conçois pas pourquoi ce nom. — Tu le sauras un jour, et tu le béniras comme les autres. A présent, je vais te procurer une entrevue avec Inèsia; je crois que c'est mettre le comble à mes promesses, comme à tes vœux ! Après cela n'aurai-je pas bien le droit d'exiger que tu achèves avec moi le grand ouvrage que j'ai commencé ? — Lequel, mon père? — Celui de ton bonheur. — De mon bonheur. — Je ne puis encore t'en dire davantage. — Je cesse donc des questions importunes, et je me résigne à tout ce que vous voudrez bien m'ordonner. Il faut croire que mon père aura le pouvoir d'arracher Inèsia de la prison où la fait languir ce vil Italien ? — Tu le verras. — Mais comment, grand Dieu ? — En me nommant. — En vous.... Je me tais, mon père; tout ce que je vois, tout ce que j'entends, confond mon jugement, et je ne sors d'un labyrinthe que pour me perdre dans un autre. — Quel bonheur sera le mien, si ton courage, éprouvé par tant de contrariétés, peut répondre à toutes mes espérances! Formé à l'école du malheur, tu deviendras un sage, et tu plaindras, tu secoureras les nombreux infortunés dont cette terre de douleur est couverte. Mon fils! tu seras heureux, tout me le fait espérer; n'oublie jamais les vicissitudes qui auront affligé ta jeunesse; qu'elles hâtent, qu'elles mûrissent ton expérience, et te fassent n'avoir pour but, dans l'âge mûr, que la félicité de tes semblables! J'ai mes raisons pour te donner cet avis, dont l'avenir te fournira l'application. — Quelles que soient vos raisons, mon père, je les respecterai, et je ferai tout pour justifier vos espérances.

Il était impossible d'avoir un fils plus soumis ; Gérald le sentit et pressa Fidély sur son cœur avec les douces effusions de la tendresse paternelle.

Ils quittèrent Marseille sur-le-champ et traversèrent, jusqu'au Bausset, de belles vallées couvertes de vignes et d'oliviers ; à Olioules, ils virent des orangers et des grenadiers en plein champ. Le lendemain ils traversèrent encore des vallées, des collines, et, le jour d'après, en allant de Fréjus à l'Esterel, ils gravirent une montagne assez escarpée que l'on descend ensuite pour aller à la Napoule. Chaque jour leur faisait découvrir sur leur route de nouvelles beautés ; c'est ainsi qu'en allant d'Antibes à Nice, ils traversèrent, près de la mer, une grande plaine boisée de haies de grenadiers, de myrtes et d'aloës. En sortant de Nice, ils eurent à monter la montagne très-haute et très-escarpée de Scarena. De la Chiandola à Tende, ils suivirent le cours d'un torrent dont l'effet est imposant. Entre Novi et Voltagio, il découvrirent le beau château de Gavi, situé sur le haut d'un rocher, au milieu d'une plaine. Enfin, de Gênes à Tortone, à Piacenza, Parme, Modène et à Bologne, qui était le but de leur voyage, ils admirèrent un pays magnifique, très-connu néanmoins de Gérald, mais qui enchanta le jeune Fidély.

Aussitôt que l'Asinella et la Garisenda, deux tours remarquables de Bologne, frappèrent les regards de Gérald, il s'écria : Réjouis-toi, mon fils ; c'est ici que tu vas retrouver ton

Inèsia. — Nous sommes donc à Bologne ? — Nous allons y entrer ; et, comme nous avons été plus de jours en route que la marquise d'Arloy, nous la trouverons sans doute rendue avant nous à l'hôtel de la *Locanda Reale*.

CHAPITRE VII.

Effets bizarres d'un nom magique.

Gérald se trompait. Comme il était parti, avec son fils, le matin même du jour où tous deux venaient d'écrire à la marquise, ils avaient sur elle le temps que l'exprès envoyé par Gérald avait mis à porter les lettres à la mère adoptive d'Inésia. La marquise n'était donc pas encore arrivée ; mais, le lendemain, on la vit descendre, avec sa bonne Micheline, de sa voiture, à la porte de l'hôtel de la *Locanda Reale*, où nos pélerins avaient passé la nuit. La marquise se présenta avec le ton le plus respectueux devant Gérald dont elle connaissait le nom magique d'*Il Sosio*. Eh quoi, lui dit-elle, un si grand homme a daigné honorer mon fils de son affection! — Silence, madame, lui répondit Gérald d'un air imposant? Ce jeune homme ne sait pas qui je suis; il n'est pas temps encore de l'en instruire. Ce soir même, madame, je vous remettrai Inèsia, et vous repartirez tout de suite. Il ne serait pas prudent que vous restassiez dans cet hôtel, où Léonardo, piqué de se voir enlever sa victime, pourrait vous inquiéter. Je ne suppose pas qu'il puisse l'oser; mais chez vous, et sous ma sauve-garde, Inèsia sera beaucoup plus à l'abri des poursuites de ce misérable. — Seigneur *Il Sosio*, chacune de vos paroles fait descendre la consolation dans mon cœur. Par vous aussi, je revois mon Fidély. — Je vais vous laisser avec lui, madame. Une affaire pressante m'appelle dans la ville. Ce soir, je reviendrai chercher Fidély pour le rendre témoin de la facilité que j'aurai à délivrer son Inèsia. A ce soir donc?

Gérald fait un mouvement de tête en signe de protection à la marquise, serre la main de Fidély et sort.

La marquise, qui s'était contenue devant lui, par respect, donne un libre cours à ses effusions. Elle embrasse son fils ; elle le félicite sur sa liaison trop honorable avec son protecteur, et le bon Fidély, pénétré de la touchante affection de cette dame, lui rend tendresse pour tendresse.

Micheline, qui a pris sa part du plaisir de revoir son jeune maître, s'éloigne pour donner des ordres dans l'hôtel, relativement au dîner qu'elle qu'elle et la marquise vont faire avec le cher Fidély. La marquise profite de son absence pour dire à son fils : Sais-tu quel est l'homme illustre qui se cache à tes yeux sous le simple nom d'*Il Sosio* ? — Non, ma mère ; depuis que je suis avec lui, il n'a jamais soulevé le voile dont il veut se couvrir. — Cela est-il bien sûr ? — Je vous l'affirme sur l'honneur. — Eh bien, méchant que tu es, quand tu gardes obstinément tes secrets envers la meilleure des mères, je te prouverai que je n'en ai point pour toi. Non, je ne puis en avoir pour mon fils. Reçois donc la confidence que je te fais, et jure-moi, sur l'honneur aussi, que tu n'en parleras à personne, que le seigneur *Il Sosio* lui-même ignorera que tu le connaisses. Fais-moi d'abord ce serment sacré, et je parlerai après.

Fidély reste étonné. Il répond:
Eh quoi, ma mère, est-il possible que vous sachiez le nom, l'état de mon protecteur, tout ce qui le concerne? — Je sais tout, et c'est ce nom d'*Il Sosio* qui m'a tout appris. — Ce nom frappe tout le monde. — Je le crois bien; car il y a beaucoup de gens qui savent ce qu'il cache. Tu me promets?... — Je vous jure!... — C'est bon. Apprends donc.... Oh, mon Dieu, personne ne nous écoute-t-il ici? — Personne. — C'est qu'il est si dangereux de dire la vérité. On serait perdu. — Je ne peux pas deviner pourquoi. — Il est pourtant nécessaire que je t'éclaire sur ton protecteur, afin qu'avec prudence, et sans qu'il se doute de rien, tu puisses régler ta conduite envers lui, conduite qui doit être pleine de soumission, d'égards et de respect. — Oh, daignez parler? —

Silence sur-tout, avec Micheline, avec qui que ce soit?—Je tiendrai ma parole. Eh bien donc, *Il Sosio*, c'est?...

La marquise regarde de tout côté avec inquiétude, comme si elle craignait d'être entendue. Quand elle a bien fait sa revue, elle s'approche de l'oreille de Fidély et lui dit : *Il Sosio*, mon fils! — Oui, ma mère, c'est?... — Philippe V, lui-même, roi d'Espagne, et le petit-fils de notre grand Louis XIV!

Qu'on juge de la surprise de Fidély, qui sait que Gérald est son père! la foudre l'a frappé! C'est le roi Philippe, s'écrie-t-il! cela est-il croyable, et ne vous trompez-vous pas, madame? — Parle donc bas? tu élèves ta voix! O mon Dieu! si l'on nous entendait!

Il passe dans la tête de Fidély une foule d'idées qu'il ne peut détailler. Il pâlit, il chancelle, il est prêt à perdre connaissance.. La marquise s'en aperçoit. Juste ciel, dit cette bonne dame! est-il possible que ce que je viens de te confier te fasse une pareille révolution! tu te trouves mal! — Non, madame, non... c'est que... on vous a trompée, cela n'est pas possible. — Cela est pourtant. Oh, c'est bien Philippe V, roi d'Espagne et de toutes ces contrées. — Allons donc; mais c'est un conte. — C'est lui qui t'en a fait, des contes, pour te faire prendre le change. Demande à tous ceux, qui sont dans le secret de ce déguisement, si *Il Sosio* n'est pas le roi d'Espagne. Ce n'est pas la première fois qu'il fait, sous ce nom, de semblables voyages. Il y a quelques années (je ne me rappelle pas trop bien l'époque, ton père vivait encore), il y a quelques années, dis-je, qu'il prit fantaisie au roi Philippe de visiter ses états sous un nom supposé et comme simple particulier. Son but était de connaître, d'étudier à fond tous les gens à qui il avait donné des places éminentes, pour voir s'ils ne commettaient pas des exactions envers le peuple, s'ils rendaient enfin ses sujets heureux au gré de son désir. Il prit le nom d'*Il Sosio*, qui veut dire apparemment *le Sosie*, le *double* du souverain, avec défense à qui que ce fût de dire quel était le personnage que voilait ce nom bizarre ; mais il circulait tout bas qu'*Il Sosio* était le roi lui-même, et sans le lui faire apercevoir, chacun tremblait à son approche. Les grands sur-tout, qui redoutaient son œil scrutateur, les magistrats, frémissaient quand ils le voyaient entrer dans leur ville. Il marchait, déguisé tantôt en mendiant, tantôt en moine, environné toujours d'une nombreuse garde, disséminée, pour ainsi dire invisible dans les campagnes, et dont chaque officier, ou soldat, était, comme lui, déguisé soit en pauvre, soit en paysan, etc. Chacun le fuyait ou le bénissait. Chaque fois qu'on annonçait l'arrivée d'*Il Sosio*, ce nom faisait sur tout le monde l'effet de la tête de Méduse. Il avait l'air de ne se mêler de rien, de ne vouloir de mal à personne; mais à mesure qu'il passait, on entendait dire que tel gouverneur de ville avait été envoyé dans une forteresse, tel autre destitué, tel autre même condamné à mort. Des magistrats perdaient leurs charges, leurs dignités; d'autres étaient récompensés; par-tout enfin les vexations, les déprédateurs étaient punis, et les honnêtes gens mis à leur place. Il ne fallait pas qu'on le dévoilât. Quiconque aurait osé ajouter le nom de Philippe V à celui d'*Il Sosio*, eût été emprisonné, puni peut-être plus sévèrement. Il garda ainsi quelque temps l'anonyme, et rentra dans sa capitale où il reprit les rênes de l'empire. Depuis ce moment, il ne fut plus question d'*Il Sosio*. Mais voilà qu'il recommence ses caravanes, et qu'il inspire la même terreur. Gare aux méchans ! il va les poursuivre et les faire rentrer dans la poussière. Juge, mon fils, quel honneur c'est pour toi d'être protégé par un puissant monarque.

Fidély est trop étourdi du coup qui le frappe pour pouvoir répondre. Il en est atterré. Cependant, en rapprochant toutes les circonstances de sa liaison avec Gérald, il ne peut croire que la marquise dise la vérité. Le roi Philippe aurait-il joué si long-temps le rôle d'aveugle à la fontaine Sainte-Catherine ? Se serait-il fait hermite après pour fuir les persécutions d'un baron de Salavas et d'un Léonardo ? aurait-il en un mot vendu autrefois son propre fils ?... Son fils ! Mais si Fidély ne l'était pas ?... Pourquoi l'aurait-il adopté ? Fidély est bien son fils, et Gérald peut-être lui aura fait une histoire qu'il aura ordonné à Micheline d'appuyer.

On devine quelles nombreuses réflexions doit faire Fidély dans une pareille situation. En rapprochant mille demi-confidences que Gérald lui a faites, Fidély se rappelle qu'il lui a dit formellement que si lui, Fidély, devenait plus heureux, il lui serait impossible d'épouser Inèsia, à moins que l'auteur de ses jours n'y consentît.

consentit. Cent fois il lui a fait entendre qu'il pouvait jouir d'un sort inespéré et des plus brillans. Il a maintenant une espèce d'armée à ses ordres, qui se déguise comme le faisait la suite du roi d'Espagne. Son nouveau nom d'*Il Sosio* fait trembler tout le monde. Serait-il en effet Philippe V ? et Fidély aurait-il l'espoir d'un trône ? Ce Vernex, cependant ? C'est sans doute son capitaine des gardes... Mais tant de fuites, tant de terreurs, tant de mystères !... Non, il n'est pas possible que Gérald soit un puissant monarque ; cela contraste trop avec toutes les aventures qui lui sont arrivées depuis qu'il a retrouvé son fils, avec celles même de sa jeunesse qu'il a racontées, d'un air de vérité et de franchise auquel on ne peut se méprendre. Salavas d'ailleurs, qui le poursuit depuis long-temps, est une preuve irrécusable contre cette assertion... La marquise assure cependant que le roi d'Espagne s'est ainsi déguisé. Il faudrait être un intrigant bien audacieux pour aller prendre, après lui, un pareil nom qui exposerait le faussaire aux plus grands dangers. Il règne avec cela dans les discours, et sur toute la personne de Gérald, un air de grandeur, de dignité, de majesté même qui annonce un homme né ou élevé dans les premières classes de la société. Depuis qu'il se fait appeler *Il Sosio*, il a pris un ton noble, imposant, et pour ainsi dire de protection. Il est sûr de ce qu'il promet, de ce qu'il veut faire. Il annonce que l'horizon s'éclaircit, qu'il va triompher, que son fils va jouir du sort le plus heureux. Oh! Fidély est son fils; on ne peut contrefaire à ce point les tendres caresses, les effusions paternelles qu'il lui a prodiguées, les larmes de sensibilité qu'il a souvent versées dans son sein. Oui, Fidély est son fils... Mais si c'est un potentat, Fidély doit donc le devenir à son tour? Quel cahos! quelle confusion d'idées! et quel étonnant secret vient de lui confier sa mère adoptive!

Cette bonne mère adoptive attribue le temps silencieux, pendant lequel son fils a fait ces réflexions, à des doutes sur la vérité de sa confidence. Elle le tire de sa rêverie en lui disant : Tu ne me crois pas, mon cher fils ; je vois que tu ne me crois pas ? cela vient peut-être de la nature de l'événement qui t'est arrivé, et que tu me caches toujours, ou bien des contes que cet homme illustre t'a faits pour te tromper, pour te dérouter... Je te certifie bien cependant qu'*Il*

Sosio n'est autre chose que le roi d'Espagne. Connais-tu la lettre qu'il m'a écrite ? — Non ; il vous l'a adressée sans me la lire. — J'ai bien réfléchi depuis sur cette lettre, et j'en ai saisi le sens de toutes les phrases. La voilà, tiens ; je vais te la commenter.

Madame, ce que vous écrit Fidély, etc. *Je suis, pour le moment, Il Sosio...* « *Pour le moment !* Cela veut dire qu'il ne le sera plus quand il rentrera à Madrid. » *Vous savez quel silence sévère on doit observer sur celui qui porte ce nom redoutable ?*

« Je le crois bien. On a vu les gens les plus comme il faut arrêtés pour avoir seulement dit tout bas en le voyant passer : C'est le roi ! c'est le roi ! »

Et si quelques mois s'écoulent...

« Ah ! me voilà à quelque chose de fort. »

Ne vous en prenez qu'à la guerre qui s'allume en ce moment entre l'Empire d'Allemagne, l'Espagne et le Milanais...

« Tu sais que le plus grand général allemand, le prince Eugène en un mot, s'avance aujourd'hui vers le Milanais pour reprendre ces provinces, au nom de l'empereur Léopold, sur Philippe V, roi d'Espagne? Il faut donc que ce roi quitte bientôt son rôle d'*Il Sosio* pour aller commander ses armées. Il le dit lui-même. »

Je vais bientôt reparaître tel que je suis, TEL QUE JE SUIS, *et j'emmènerai Fidély avec moi; c'est vous dire assez quelle carrière il doit parcourir...*

« Avec le roi, mon fils, avec le roi lui-même! En est-il une plus brillante ! Il dit encore plus bas:

Mes ennemis vont rentrer dans la poussière, et j'espère en triompher.... Ses ennemis, ce sont les Impériaux, ceux qui attaquent ses provinces ; c'est clair, cela ! Il en triomphera ; et si tu te distingues sous lui, les dignités, les honneurs t'accableront. Oh ! je comprends bien tout cela, et je prévois que je serai par la suite la plus heureuse des mères.

Fidély, qui connaissait son origine, était de plus en plus étonné à mesure qu'il réfléchissait sur une chose aussi bizarre. Il est certain que la lettre de Gérald pouvait être interprétée de la manière dont la marquise le faisait ; mais d'un autre côté, elle n'offrait à Fidély, par ces mots *des ennemis dont on allait triompher*, que le baron de Salavas, Léonardo, et peut-être d'autres persécuteurs que Gérald avait sans doute en

Italie, puisque l'archevêque d'Auch avait écrit dans cette contrée.... Mais l'archevêque connaissait le nom et le véritable état de Gérald, que celui-ci lui avait confiés sous le sceau de la confession, et ce digne prélat accablait Gérald d'égards, de politesses, pour ainsi dire de respects !... Quatre évêques étaient venus à l'hermitage, se mettre pour ainsi dire aux genoux du prétendu Frère Fulgence ! Trois officiers de hauts grades lui avaient témoigné les mêmes déférences ! Gérald était donc un grand personnage !... Mais ce grand personnage aurait-il renfermé les restes précieux de sa femme, de sa soi-disant Paola, dans la caverne de la fontaine Sainte-Catherine ? Aurait-il vendu son fils unique pour une misérable somme ? A moins, comme le pense la marquise, que cet illustre personnage n'ait voulu faire des histoires à son fils pour détourner ses soupçons.... Et dans quelle vue détourne-t-il les soupçons de son fils, de son héritier, de son successeur au trône?.... Convenez, lecteur, qu'à la place de Fidély, il y a vraiment de quoi perdre la tête!

Le maître de l'hôtel entre avec Micheline. La marquise met soudain le doigt sur sa bouche pour faire entendre à son fils qu'il a promis de faire le secret qu'elle vient de lui confier.

L'hôte est pâle, très-ému. Est-il possible, madame, dit-il à la marquise, que... que... *Il Sosio* soit ici? que j'aie l'honneur de le loger?—Qui vous a dit cela, monsieur?—C'est un bruit qui court dans la ville. On prétend que le vieux pélerin est *Il Sosio* lui-même?—Taisez-vous?

vous savez?... — Oh, grands dieux! si je sais! c'est que j'en suis tout tremblant. — Que craignez-vous? — Rien, oh rien! il ne poursuit que les malhonnêtes gens, et, Dieu merci, ma réputation est faite ; mais on ne sait comment recevoir des grands de cette distinction! Mon hôtel, mes gens, les mets que j'ai à lui offrir, tout cela est bien mesquin pour un...
— Taisez-vous encore une fois, imprudent! Si vous lui témoignez, par trop d'égards, que vous le connaissez, vous l'indisposez contre vous, et il peut vous punir de votre indiscrétion.
— J'entends; mais comment faire? déjà son nom vole de bouche en bouche; on se rassemble sur la place; on entend dire tout bas *Il Sosio est ici! Il Sosio est ici!* à l'hôtel de la *Locanda Reale!* Les uns se sauvent ; les autres se mettent en haie pour le

voir passer, et ceux-là sont bien imprudens par exemple! mais ses gens, qui sont apparemment déguisés comme lui, sauront les disperser avec douceur.

Et l'hôte se retire en marmottant entre ses dents : O mon Dieu! *Il Sosio! Il Sosio* chez moi!

Quand il est parti, la marquise dit à Fidély, d'un air mystérieux à cause de Micheline qui est présente : Eh bien, mon fils ? Tu vois, tu vois ? t'ai-je trompé... Mais il faut que je descende, pour calmer la tête de cet homme là ; je vais lui parler en secret et l'engager à se conduire comme s'il ne connoissait nullement le personnage en question.

La marquise sort. Fidély, resté avec Micheline, se hâte de lui dire : Micheline, m'aurais-tu trompé ? — Moi, mon cher maître, en quoi ? —

Etais-tu bien dans le cabinet du marquis, quand mon père m'a cédé à lui? — Si j'y étais, mon bon maître? j'y étais! comme me voilà près de vous? — Quel nom portait-il alors? — Je n'en sus rien. Il le communiqua bas à l'oreille de feu M. le marquis, et le pria de garder le secret sur ce nom là. — Tu ne sais pas ce qu'il était? — Un pauvre voyageur, voilà ce qu'il nous dit. — Et il m'a réellement cédé au marquis? pour une somme d'argent? — Cela n'est que trop vrai; mais pourquoi ces questions? — C'est que je présumais que mon père t'avait gagnée de je ne sais quelle manière pour que tu appuyasses cette fable. — Oh, ce n'est point une fable, monsieur; c'est l'exacte vérité. — Alors *Il Sosio* (c'est le nouveau nom qu'il a adopté) n'est pas ce que l'on pense. — A propos, monsieur, il n'est vraiment bruit que de ce nom là! Votre père, l'aveugle de la fontaine Sainte-Catherine, serait-il donc un haut et puissant seigneur? Les garçons, les maîtres, tout le monde est terrifié ici! On s'attroupe à la porte de l'hôtel, et le nom, ou terrible, ou imposant, que s'est donné votre père, vole sourdement de bouche en bouche. On dit même que le gouverneur de la ville, homme dur et peu aimé, s'est enfui depuis ce matin, redoutant sa terrible approche! — Que veux-tu, Micheline; je ne sais que penser; je suis confondu, anéanti. — Vous devez savoir ce qu'il est, vous qui êtes son fils? — Il se voile à mes regards plus qu'aux yeux de tout le-monde; car enfin il y a des gens qui prétendent le connaître. Madame la marquise est de ce nombre. — C'est vrai, je me rappelle, avant notre départ, elle ne cessait de me répéter qu'*Il Sosio* devait faire trembler tous ceux qui savaient ce que ce nom voilait. Oh, elle le connaît très-bien ; mais elle ne veut pas me le dire. — Elle me l'a dit à moi — Bon ! Mettez-moi donc dans ce secret ? — Je ne le puis.... Et d'ailleurs la voilà qui rentre.

La marquise revint. Ils sont tous comme des fous, dit-elle, et il y a bien de quoi !... Mais dînons ensemble, mon cher fils ; prenons encore un repas qui nous rappellera ceux auxquels présidaient autrefois, chez nous, l'appétit, le bonheur et la tranquillité.

Au moment où ils allaient se mettre à table, on entendit, dans la rue, des murmures sourds, comme les forment des voix de beaucoup d'hommes réunis. La marquise, son fils et Micheline regardèrent aux croisées, et virent que le vieux pélerin revenait suivi et entouré d'une foule de gens auxquels il donnait sa bénédiction. Le nom d'*Il Sosio*, répété plusieurs fois avec crainte et respect, frappa les oreilles de nos voyageurs. Bientôt la foule se dispersa sur les invitations réitérées de plusieurs habitans, parmi lesquels Fidély crut reconnaître Vernex habillé en batelier bolonais.

Gérald rentra en riant, et dit : J'ai terminé mes affaires dans la ville plutôt que je ne le croyais, et je viens dîner avec les amis les plus chers que j'aie au monde. Madame la marquise et M. son fils auraient tort de me savoir quelque gré de cette attention; j'y gagne tout, puisque je ne me plais qu'auprès d'eux.

Fidély ne savait plus comment parler à son père pendant le dîner. Il était guindé, silencieux, et il examinait tous les mouvemens de Gérald pour voir s'ils étaient empreints de cette noblesse, de cette majesté, que le sceptre donne toujours aux souverains. Il lui semblait en effet, ce qu'il avait souvent remarqué, que tout était grand, fier, imposant dans les manières de Gérald. Il se hasarda à lui dire: On assure, monsieur, que votre seule présence dans cette ville en a fait fuir le gouverneur? — Il a très-bien fait; sa conscience lui a reproché des torts nombreux, que je saurai punir; car il reviendra. — Il reviendra! quand vous serez parti apparemment? — Comme tu dis, Fidély, quand je... je serai parti. — Monsieur a acquis un pouvoir bien grand!

Fidély disait cela d'un ton piqué et en se mordant les lèvres. La marquise pâlit, et, lui prenant le bras, elle s'écria : Mon fils, que dites-vous? voulez-vous vous perdre ?

Gérald répond en souriant : Il sait bien que je ne le perdrai pas. Il abuse un peu, il est vrai, des droits qu'il a sur mon amitié; mais je lui pardonne, par égard pour sa position qui est fort critique ; car il ne connaît pas *Il Sosio* aussi-bien que vous le connaissez, vous, madame? — Mon père, répliqua la marquise, il doit au moins partager le respect que j'ai pour votre précieuse personne. — J'ai présumé, madame, même avant de vous écrire comme *Il Sosio*, que vous saviez qui j'étais. La voix publique a toujours percé ce voile dont veut en vain se couvrir un homme d'une grande représentation.... mais j'ai compté sur
votre

votre prudence et votre discrétion.

La marquise rougit en pensant qu'elle vient de tout dire à son fils.

Ce pauvre fils ne sait que penser. *Un homme d'une grande représentation*, se dit-il ! Serais-je en effet le fils d'un grand monarque !

Quand le dîner fut fini, au grand contentement du maître de l'hôtel et de ses garçons, qui tremblaient en le servant, Gérald tira de dessous sa tunique une bourse pleine d'or qu'il jeta sur la table, en disant à l'hôte : Tenez, monsieur, payez-vous et donnez le reste à vos gens... mais surtout point d'indiscrétion, ou vous ressentirez tous les effets de ma juste indignation.

Tous les gens de l'hôtel font des courbettes jusqu'à terre et se retirent.

Fidély ouvre de nouveau de grands yeux et reste interdit : Allons, M. le marquis, lui dit Gérald, venez avec moi revoir votre chère Inèsia. Vous, marquise, préparez tout pour que vous puissiez repartir à l'instant même où j'aurai remis dans vos bras cette aimable personne. Cela ne sera pas long ; dans une heure elle sera ici.

Dans une heure, se dit tout bas Fidély !

Il pense bien que son père aura le pouvoir de la ramener, puisqu'il le promet.

Fidély descend avec Gérald. Ils marchent dans les rues de Bologne, et tous les regards sont fixés sur eux. On s'approche, on les entoure, et il se forme des groupes qui les accompagnent jusqu'au château de Léonardo, en gardant néanmoins le plus respectueux silence.

CHAPITRE VIII.

Une belle captive est délivrée.

Vous m'avez attendue long-temps, ma chère Inésia, n'est-il pas vrai? dit la vieille demoiselle Ariana à sa belle prisonnière, qu'elle vient retrouver à la grotte du parc de Léonardo. C'est que j'ai été occupée de détails domestiques. La fermière d'abord; puis la lingerie, des ordres à donner; tout roule sur moi dans ce château, où mon maître a bien voulu me donner sa confiance entière. Vous vous êtes ennuyée, mon bel ange? — Je vous demande, Ariana, si je puis m'amuser ici? — C'est pourtant une des plus belles propriétés qu'il y ait à dix lieues à la ronde. Ce parc est renommé pour ses eaux sur-tout et pour ses grottes. Celle que nous avons visitée ce matin est belle, j'espère! — Il est vrai; je la trouve charmante et en tout convenable à ma mélancolie. J'y viendrai souvent rêver seule. — Seule? oh, point du tout, s'il vous plaît; le seigneur Léonardo m'a donné le soin de vous distraire, de vous accompagner; vous ne ferez pas un pas, une seule promenade sans moi. — Mais, mademoiselle, si je veux réfléchir. — Il ne faut pas réfléchir; cela attriste; il faut causer, et deux femmes ensemble ont tant de choses à se dire. — Il faut donc que je sois persécutée de toutes les manières! On m'envie jusqu'aux charmes de la solitude. — La solitude est faite pour les sots; les gens d'esprit aiment à causer ensemble.

Vous voyez bien qu'en marchant toutes les deux, comme nous le faisons, on se dissipe... Ah, nous voilà devant la belle fontaine d'Aquaviva ! comment la trouvez-vous ? — Elle me rappelle, par son site délicieux, la fontaine Sainte - Catherine, où le plus aimé des hommes me fit un jour serment !...

Elle soupira en levant les yeux au ciel.

Ariana répondit en joignant ses mains d'un air d'effroi : La fontaine Sainte-Catherine, bon Dieu ! est-ce que vous connaissez ce coupe-gorge ? — Quel nom lui donnez-vous ? C'est un endroit très-agréable, où il n'est jamais arrivé le moindre accident. — A qui dites-vous cela ? La fontaine Sainte-Catherine ! je crois que je tomberais de frayeur, si j'y passais à quelque heure que ce fût. J'y fus témoin d'un meurtre trop abominable pour... — D'un meurtre, à cette fontaine? Mais j'ai demeuré longtemps dans ses environs, et jamais on ne l'a signalée comme un endroit dangereux. — Asseyons-nous là. Je vais vous raconter cette histoire qui est très-courte.

On aime à entendre parler des lieux qui furent témoins de notre enfance et de notre bonheur. Inesia, quoiqu'occupée de choses plus importantes, prêta l'oreille au récit suivant que lui fit la vieille geolière.

« C'était une belle nuit d'automne, oh! il y a bien long-temps de cela! il faut qu'il y ait plus de vingt ans! attendez... Mon frère est mort en... oui... il avait alors... c'est cela. Il y a plus de vingt ans donc, que mon frère et moi... mon frère était un très-bel homme, mon aîné de dix ans, mais c'est égal. Nous revenions d'un bal qui s'était donné à Saint-Sauveur, petit village au pied des Pyrénées, pour le mariage d'une de nos nièces. Nous allions coucher à Lourde, où nous demeurions alors; il était bien trois heures au moins du matin. La nuit était superbe, et nous pensions n'avoir rien à craindre dans ces campagnes cultivées. J'étais mise, ah, j'étais mise! avec un soin! enfin, comme on se met pour un bal. Je ne sais si vous avez remarqué qu'il y a une route de traverse pour les gens de pied, ou à cheval, à cinquante pas environ de la fontaine Sainte-Catherine. Nous étions dans ce chemin, en face de cette maudite fontaine, lorsque nous entendîmes des cris lugubres, comme de quelqu'un qui se plaignait. C'était la voix d'une femme; elle disait : Tu n'as pas eu pitié de mon fils, barbare! en le perdant, tu as assassiné sa malheureuse mère!

» Ces mots nous glacent d'effroi, nous nous arrêtons sans faire le moindre bruit, et à la seule clarté des étoiles, nous apercevons une femme, penchée sur le rebord du bassin de la fontaine, mais courbée sur le dos, c'est-à-dire la face vers le ciel. Un homme, penché aussi sur elle, lui disait à demi-voix : Il faut que tu meures! il faut que tu meures! — Faut-il, disait la femme, que ce soit toi, toi, mon époux, qui me donne la mort!

Le méchant mari remuait son bras droit comme cela, comme s'il lui perçait le sein plusieurs fois avec un poignard. La malheureuse victime poussa de faibles cris et expira. Soudain le monstre la prit dans ses bras, s'enfonça s'enfonça dans l'espèce de chapelle ruinée qui couvre la fontaine et disparut. Mon frère, qui était brave, voulut s'opposer à ce crime et courir sur l'assassin ; mais je perdis connaissance, et, forcé de me donner des soins, il ne put sauver la malheureuse créature. Quand j'eus recouvré mes sens, l'effroi s'empara de moi, et je le conjurai de me ramener chez nous, à Lourde, ce qu'il fit, désolé de n'avoir pu suivre les traces de l'assassin.

» Le lendemain matin, mon frère alla seul visiter la fontaine. Il n'y trouva d'abord rien d'extraordinaire ; mais, en pénétrant dans le caveau du fond, où est le réservoir, il fut soudain saisi d'une odeur fétide. Il se rappela qu'ayant, dans son enfance, travaillé chez un entrepreneur de bâtimens, qui était chargé du soin de cette fontaine, il avait remarqué un petit souterrain qui s'ouvrait par un secret pratiqué dans une dalle. Mon frère chercha ce secret, le trouva, et descendant dans ce nouveau caveau, il frémit d'horreur en y retrouvant le cadavre de la femme infortunée, égorgée la veille!... Mon frère remonta ; remit la pierre, et vint me raconter cet événement. Il paraît que ce scélérat d'époux avait massacré son enfant avant d'immoler la mère ; mais il n'y avait dans le caveau que le corps de cette malheureuse mère. Mon frère hésita quelque temps à instruire les magistrats de ce fait ; il allait le faire, lorsqu'il reçut l'ordre de s'embarquer sur-le-champ pour passer dans les îles, où il est mort. Depuis ce temps, j'ai en horreur cette fontaine, et vous ne me feriez pas mettre le pied pour un empire dans le réservoir sous lequel il y a un cadavre, un squelette sans doute à présent, s'il y est encore. Ah, tout mon sang se fige d'y penser!...»

Ainsi parla la vieille duègne, et Inèsia, qui ne se doutait pas que son récit pût concerner le compagnon de Fidély et Fidély lui-même, ne fit qu'une légère attention à cette catastrophe. Elle avait bien assez de ses peines, sans s'affliger encore de celles des autres! La demoiselle Ariana continua de parler, et notre Inèsia finit par ne plus l'écouter ni lui répondre.

Quelques jours se passèrent encore sans qu'on vît reparaître Léonardo. Enfin, on reçut, un jeudi, une lettre de lui, qui annonçait son retour pour le dimanche suivant. C'est à Inèsia elle-même qu'il donnait cette importante nouvelle. On juge de l'intérêt qu'elle y mettait! Son cœur battit violemment, et elle sentit qu'elle allait avoir à souffrir de nouvelles persécutions de la part de cet homme qu'elle abhorrait.

Inèsia savait bien que sa lettre à Fidély était partie ; car, le lendemain du jour où elle l'avait écrite, Inèsia, trouvant le moyen d'aller seule visiter la pierre de la grotte, ne l'y avait plus trouvée, ce qui prouvait que le jeune garçon l'avait prise ; mais il s'était écoulé bien du temps depuis ce moment-là, et elle ne recevait point de réponse de Fidély, ce qui l'affligeait et abattait son courage. Elle apprit donc que son ravisseur allait arriver sous trois jours, et elle passa le vendredi, ainsi que la matinée du samedi, à conjurer le ciel de venir à son secours.

Le samedi, à midi, veille du retour de son tyran, Inèsia alla à la grotte avec la vieille gouvernante qui la quittait rarement. Quelle fut leur surprise à toutes deux, quand elles virent qu'on avait écrit, sur la même pierre où elles avaient déjà lu des mots mystérieux, ceux-ci : *Ce soir même, vos fers seront brisés.* Ce soir ! s'écrie Inésia transportée de joie et qui voit bien que cet avis est pour elle : ô bonheur ! — Qu'est-ce que c'est, lui répond Ariana en fronçant le sourcil ! qui peut vous donner un pareil avis?.. Ah, ah ! on vous promet un libérateur ! Il faut le voir venir, ce beau champion des filles affligées ! il sera bien reçu ici. Ah, c'est ce soir ? Eh bien, nous allons nous mettre sur la défensive pour repousser toutes les attaques qu'on pourrait nous faire, à main armée ou autrement. J'ai vingt domestiques ici, tant jardiniers que d'autres gens, je vais les faire monter à l'arsenal, où mon maître conserve des armes de toute espèce, et nous verrons ! En attendant, mademoiselle, souffrez que je vous enferme dans votre appartement. Quand on fera le siége du château, si l'on peut pénétrer jusqu'à vous, à la bonne heure, la prédiction s'accomplira; mais je défie bien que qui que ce soit !... Qui peut avoir écrit cela sur cette pierre ? Il faut interroger tout le monde et chasser sur-le-champ celui qui paraîtra suspect, à moins qu'il ne mérite une plus forte punition !

La demoiselle Ariana prit le bras de notre héroïne, et la fit marcher presque forcément. Inèsia ne fit pourtant pas une trop grande résistance; elle avait l'espoir de recouvrer sa liberté, et prévoyait que celui qui se vantait de la lui rendre avait tout le pouvoir nécessaire pour tenir sa promesse.

Ariana rassembla en effet tous les habitans du château. Il y a, leur dit-elle, parmi vous, quelqu'un qui trahit notre maître, qui fait sans doute parvenir des avis secrets à la personne que nous avons ordre de garder à vue, et qui se permet d'écrire des mots à double sens sur les pierres de la grande grotte de la cascade. Parlez ; quel est le coupable ?

Tout le monde se tait ; le maître-d'hôtel est le seul qui se doute que ce coupable est le jeune Georges ; comme Georges est à côté de lui, cet homme lui pousse le pied en le regardant, comme s'il lui disait : C'est toi que je soupçonne ; mais je n'en dirai rien.

La vieille gouvernante, voyant qu'elle ne peut pas découvrir l'écrivain anonyme, change de propos. Au surplus, ajoute-t-elle, si c'est sérieusement qu'on se promet de nous enlever Inésia dès ce soir, on verra qu'on s'est flatté d'un espoir insensé. Tous les gens de monseigneur sont-ils disposés à mourir pour son service, s'il le fallait?

Oui! est le cri général.

« Eh bien, armez-vous tous; attendez les agresseurs, et faites résistance, si cela devient nécessaire? le jurez-vous? — Nous le jurons. — Il revient demain, votre digne maître. Il saura récompenser votre valeur et votre zèle. Suivez-moi.

Ariana les emmène à l'arsenal, où elle les arme elle-même, d'épées, de sabres et de pistolets. Georges Vernex fait comme les autres; il en a même davantage; car il a pris en outre une grosse carabine.

Tous les domestiques, au nombre de vingt, se forment, dans cet équipage, en ligne dans la grande cour d'honneur, dont toutes les grilles sont fermées, et ils attendent l'ennemi.

Le soleil a fourni plus des deux tiers de sa carrière, lorsqu'ils voient au loin, dans la plaine, un nuage de poussière qui leur annonce l'arrivée de plusieurs personnes. La foule approche, entre dans l'avenue du château, et l'on voit qu'elle se dirige vers la grille d'honneur. Ariana s'écrie : Les voilà ; ils sont plusieurs ; ne craignez rien. Ecoutons d'abord leur demande, et nous leur répondrons après. — Eh mais, dit l'intendant qui commande dans l'intérieur, ils ne sont point armés. Ce sont des paysans, des paisibles habitans de la ville, qui semblent accompagner deux pélerins, dont l'un paraît très-âgé....

Dieu! si c'était ce qu'on m'a dit ce matin!...

Il n'a pas le temps d'achever. Le vieux pélerin s'écrie de loin: Ouvrez, braves gens; je suis *Il Sosio*.

La foule, qui accompagne Gérald, répète: *Il Sosio!* ouvrez de l'ordre d'*Il Sosio!*

Les gens d'Ariana répliquent soudain en tremblant: *Il Sosio! Il Sosio!* et ils déposent les armes.

Ariana elle-même, saisie d'effroi, court ouvrir les grilles: tout le monde entre. Les domestiques du château se mêlent avec les compagnons d'*Il Sosio*, et celui-ci dit à la tremblante Ariana: Madame, où est votre maître? —Il... il est absent, et ne revient que demain.—Pourquoi retient-il ici une jeune personne malgré elle? —Oh! daignez lui pardonner; ne le punissez pas d'une faute de l'amour.

— Qu'on me rende Inèsia. — Je vais la chercher moi-même et vous l'amener... Si monseig... si *Il Sosio* voulait se reposer dans le château? — Je suis pressé et reste ici. — Je cours vous la chercher.

Elle disparaît, et tous les domestiques du château, redoutant une forte punition pour avoir osé prendre les armes contre *Il Sosio*, se jettent à ses pieds en criant : grâce ! grâce !

Fidély est témoin de cette scène, du grand pouvoir de son père, et de l'effet magique que son nom produit encore là. Il est tenté de croire qu'en effet il n'y a qu'un grand monarque qui puisse en imposer à ce point. Mais que devient-il quand il voit la vieille gouvernante amener Inèsia par la main et la remettre dans celles du vieux pélerin. Ariana s'écrie : La voilà ! la voilà, monseigneur; mais ne me perdez pas; je n'ai fait que suivre les ordres de mon maître. Mademoiselle vous dira que j'ai eu pour elle les plus grandes attentions. O mon Dieu ! qui aurait dit que nous eussions eu ici la visite d'un si grand homme ?

Les domestiques sont toujours à genoux. Gérald leur jette une bourse d'or en leur faisant signe de se relever. Il prend le bras d'Inèsia, et se retire avec Fidély dans le même ordre qu'il est venu. Cependant, cette fois, il ne traverse pas la ville, pour éviter les regards des curieux que sa marche étrange avec une jeune beauté aurait pu attirer. Il prend des détours, congédie les gens qui l'accompagnent, et rentre avec Inèsia et Fidély seulement à l'hôtel, où la marquise les attend avec une vive impatience.

CHAPITRE IX.

Que va-t-on penser du vieux Pélerin?

CEPENDANT le baron de Salavas, après avoir été chassé par l'intendant de sa province, auquel il était venu raconter la rencontre qu'il avait faite de Gérald, déguisé en pélerin et sous le nom d'*Il Sosio*, rentra dans son château où il avait envoyé d'avance son fidèle Le Roc. Quel est donc, lui dit-il, ce nom singulier que l'intendant me défend de prononcer, en m'assurant que c'est un autre que Gérald qui le porte? *Il Sosio!* As-tu jamais entendu parler de ce grand personnage là? — Mais, monsieur, j'y ai pensé depuis votre départ, et je me suis rappelé... Comment cela vous est-il échappé ? Vous souvenez-vous qu'il y a un peu plus de deux ans, on ne parla, en Italie, que d'un voyage incognito qu'y faisait sa Majesté Catholique, sous divers déguisemens, et pour inspecter par elle-même si ses ordres étaient par-tout fidèlement exécutés. Il me semble que c'est *Il Sosio* qu'il s'appelait, et que tout le monde tremblait à ce nom là. — Tu as raison ; cela était passé de ma mémoire. Je m'en rappelle très-bien ; tellement que, voyageant alors à Rome, avec feu M. le marquis d'Arloy, nous eûmes une belle peur en rencontrant ce monarque ainsi déguisé, sur une route très-étroite, et dont notre voiture occupait presque toute la largeur. On voulut nous faire retirer ; c'est-à-dire, les gens qui l'accompagnaient, nous criant : *Il Sosio!*

retirez-vous devant Il Sosio. Le marquis pensa perdre connaissance, et je fus obligé de faire rebrousser chemin à mon cheval, en le tenant par la bride, pour laisser passer ce grand roi. J'avais oublié qu'*Il Sosio* fût le nom qu'il portât alors. Serait-ce Philippe? — C'est lui. — J'ai pourtant bien reconnu la voix de Gérald; et ce jeune pèlerin qui l'accompagne avait toute la démarche de Fidély. — Je l'ai cru comme vous. Cependant, si c'est le roi lui-même! — Cela peut-il se concevoir? Au moment d'entrer en campagne avec l'Empire qui le menace de lui prendre l'Italie! le roi d'Espagne irait courir les champs sous l'habit d'un vieux pèlerin? Cela ne se peut pas. — Vous pensez donc qu'alors c'est Gérald, ou quelque autre intrigant qui aurait pris son nom pour?..
— Ce serait une grande hardiesse!

Pour le coup, Gérald, s'il avait eu cette imprudence, serait perdu de toutes les manières; car Philippe ne pardonnerait pas qu'on eût osé l'imiter en prenant un pareil incognito! Je donnerais l'impossible pour éclaircir ce point. Imiter un roi! abuser de la vénération publique sous un nom respecté! oh! ce serait le plus grand des crimes aux yeux du monarque irrité. Au surplus, demain, nous terminons la vente de ce château. Sous peu de jours, nous nous mettrons en route pour aller retrouver Léonardo à Bologne, et voir s'il est venu à bout de vaincre sa cruelle. Nous prendrons là conseil, et si nous trouvons le feint ou le vrai *Il Sosio*, nous verrons ce que nous aurons à faire.

Le baron vendit son château, et, comme son intention était de se fixer en Italie, auprès de son protecteur,

le

le seigneur Léonardo, on fit des malles de ses effets les plus précieux, et il quitta pour jamais la province pour se rendre à Bologne avec son inséparable Le Roc.

A six lieues avant cette ville, il rencontra sur la route Léonardo lui-même qui venait de faire raccommoder sa chaise, brisée par une chute causée par la maladresse de son postillon. Quelle heureuse rencontre ! dit le baron. Sortez-vous de Bologne, seigneur Léonardo? — Au contraire, j'y rentre. Il y a plus de quinze jours que j'ai été forcé de m'en absenter. — Et Inèsia? — Inèsia est toujours dans mon château que vous connaissez à Bologne. La vieille duègne que je lui ai donnée pour la garder m'écrit que cette beauté sévère paraît prendre son parti et qu'elle se porte à merveilles. Je leur ai fait savoir que j'arrivais aujourd'hui dimanche, et j'y serais ce matin, sans le maudit accident arrivé à ma chaise ; mais nous y arriverons tantôt ; car sans doute vous veniez m'y rejoindre? — J'allais me rendre, d'après vos ordres, à l'hôtel de la *Locanda Reale*. — Il est inutile que vous alliez vous loger en maison étrangère. Je vous avais dit cela, ignorant si je fixerais mon séjour à Bologne ou ailleurs. Mais, baron, quoique je n'aie pas eu besoin de vous jusqu'à présent, il me semble que vous avez bien tardé.

Le baron lui objecta que la vente de son château l'avait retenu plus de temps qu'il ne le pensait.

Les voitures étant prêtes, Léonardo remonta dans sa chaise, qui ne tenait qu'une personne, son domestique étant derrière, et le baron avec

Le Roc la suivirent dans leur propre voiture.

On arrive, on entre dans la cour d'honneur, et l'on ne voit que des figures affligées. Ariana s'avance lentement vers la chaise dont Léonardo descend, et lui demande, d'un air timide, des nouvelles de sa santé. Le baron se joint à ces deux personnes, et Léonardo répond à la vieille: Cela va bien, bonne femme. J'ai des complimens à vous faire pour la manière dont vous avez gardé la douce amie de mon cœur. Où est-elle? dans son appartement sans doute? m'attend-elle sans trop de haine? avez-vous adouci son cœur en ma faveur? — Monseigneur!... — Point de monseigneur ici? vous le savez. — Oh, ne me grondez pas. A ma place, vous-même, vous n'auriez pas pu faire autrement. — Autrement? quoi donc; expliquez-vous? — Y a-t-il quelqu'un qui puisse résister à un homme tel que celui-là! — Comment, quel homme? je vous parle de mademoiselle d'Oxfeld. — Je le sais bien, monsieur. — Où est-elle? — Elle n'est plus ici. — O ciel! vous l'avez laissée évader? — Point du tout. On est venu la redemander. Hier soir, je l'ai rendue... — A qui? — Vous auriez fait comme moi. — Mais encore? qui a osé la redemander? à qui l'avez-vous rendue? — *Santa Madona !* je ne puis prononcer ce nom sans frémir. J'ai l'honneur de vous dire qu'hier.... vous ne devineriez jamais qui est venu ici, accompagné d'une foule immense! — Cette femme me fera mourir. Puis-je deviner l'insolent! — Oh, parlez donc bas. Si vous étiez entendu? — Qui puis-je redouter? — Un plus puissant que vous. — Enfin, vieille maudite, cet homme qui est venu, ce plus puissant que moi, quel est-il?

Ariana regarde si on l'écoute. Elle s'approche ensuite de l'oreille de Léonardo, et lui dit à demi-voix: *Il Sosio*, monsieur !.... lui-même.... en personne. — Comment, *Il Sosio* s'est présenté ici?— Ah, voilà que vous tremblez à votre tour. Oui, monsieur, il est venu ici, accompagné de ses courtisans apparemment, déguisés comme lui. Vos gens étaient tous armés, les armes leur sont tombées des mains; ils se sont tous précipités à ses genoux, et moi j'en ai fait autant, en lui rendant Inésia qu'il me redemandait du ton le plus impérieux. Jugez-moi maintenant? pouvais-je refuser sa majesté, le roi de toutes les Espagnes ! — Est-il rien de plus singulier, baron, que cette aventure ! Sa majesté le roi de toutes les Espagnes est, en ce moment, bien tranquille, à sa cour, à Madrid ; je sors de la voir ! Celui qui s'est présenté ici, sous ce nom d'incognito, est un imposteur !

Là, s'écrie le baron, ne l'ai-je pas pensé ! J'ai rencontré aussi cet imposteur, et j'ai bien vu que ce n'était pas le roi Philippe V.

Non, vieille infernale, répond Léonardo ; celui que vous avez vu ici n'est point *Il Sosio*, ce n'est point le roi, en un mot, et je vais vous faire enfermer pour jamais dans les prisons de ce château, pour avoir cédé à une terreur panique. — Monseigneur ! demandez à tous vos gens ; ils en ont été les dupes comme moi. — Retirez-vous, en attendant mes ordres, et méritez, par une discrétion à toute épreuve sur ce qui s'est passé ici, que je vous fasse grâce.

La vieille Ariana se retire toute effrayée. Léonardo fait venir son intendant, ses domestiques, et voit qu'en effet tous ont donné dans cette erreur. Il leur ordonne de se retirer; et, rentré avec le baron seulement, il lui dit : Voilà, Salavas, un étrange événement ! Je reçois ici un avis par écrit et que je vous communiquerai quand nous serons dans mon cabinet ; cet avis, dans lequel on me menace de l'arrivée prochaine d'*Il Sosio*, m'effraie ; je profite de ce que je suis mandé à Madrid pour m'en expliquer avec le roi lui-même. Ce prince me reçoit de la manière la plus dure. Il me menace même de toute la colère de mon oncle ; il me dit qu'il fera tout pour l'exciter. Je prends la liberté de lui demander quelle est la personne qui ose prendre en Italie son nom d'*Il Sosio*, il me répond brusquement : *Vous voyez que ce n'est pas moi, qui ai autre chose à faire qu'à courir les champs...* Et il me quitte sans satisfaire ma curiosité. J'aurais mieux fait d'attendre ici l'imposteur pour l'arrêter et le faire punir ; car, sans doute, Philippe, quoiqu'il n'ait pas daigné me le dire, ne souffrira pas impunément qu'un autre prenne son nom, joue le rôle respectable qu'il s'est permis de prendre, il y a deux ans. A présent, quel est cet homme qui m'enlève à son tour Inèsia ? — Ne le devinez-vous pas ? C'est Gérald, ou Fidély. — Gérald ! Fidély ! que me dites-vous là ? est-ce qu'ils existent encore ? Ne m'apportez-vous pas des preuves certaines de leur mort ? — Et mon Dieu non, ils sont sauvés au contraire. Un sot scrupule a saisi le subalterne exécuteur

exécuteur de vos volontés. Gérald et Fidély ont disparu, le jour même désigné pour leur trépas.—Baron, tu es un traître.—Moi?—Tu les as sauvés toi-même.—Vous croyez?...—Tu es capable de dire à l'homme que tu serais chargé d'arrêter : Donnez-moi beaucoup d'argent, et disparaissez! — Vous présumeriez?...— Tu l'as déjà fait. Cette Paola, comment est-elle sortie de la prison de ton château? n'était-elle pas confiée à ta garde?—Je vous l'ai dit : j'étais absent alors. Le Roc m'a juré qu'elle avait employé la force et l'adresse pour se sauver. — Oui, une femme qui venait d'accoucher, une heure avant! de la force et de l'adresse dans un pareil moment. — Gérald avait-il une fortune pour nous séduire, moi ou le Roc? — Je n'en sais rien ; je n'ai appris de cet évé-

nement que ce que vous avez bien voulu m'en dire ; mais vous avez favorisé la fuite de Paola, je le parierais, et vous venez de faire la même chose envers mon ennemi. — Ah, seigneur, on n'est pas plus injuste !
— Enfin, cet odieux Gérald et mon rival Fidély ont disparu. — Je suis sûr que Gérald joue maintenant ce personnage d'*Il Sosio*. — A présent, il n'y a pas de doute ; c'est lui qui m'a enlevé Inésia. Quel autre homme sur la terre, que lui, ou Fidély, pourrait s'intéresser à elle à ce point ? Vous l'avez rencontré, dites-vous, cet imposteur ? — Déguisé en vieux pèlerin, accompagné d'un jeune homme et d'une foule de je ne sais quels gens ; car il a sa garde d'honneur aussi, comme l'avait le roi Philippe sous ses divers déguisemens.
— Sa garde d'honneur, vieux sot !

un Gérald peut-il en avoir ? Non; ce sont des curieux, des gens terrifiés et trompés par le nom imposant qu'il se donne. Vous l'avez donc reconnu sur-le-champ ? — A la voix; il n'a fait que se nommer; mais c'était bien la voix de Gérald. — Il fallait donc profiter de cette occasion, le dénoncer à l'autorité, le faire arrêter ? — Bon, l'autorité. Elle m'a bien reçu, l'autorité ! — C'est qu'elle a donné dans l'erreur commune que le faux pélerin était le roi d'Espagne.... mais voyons; il faut agir. Si l'on savait de quel côté on a conduit Inésia !... — Vous l'aimez donc toujours ! — Plus que jamais, et quand ce ne serait que pour désespérer ce jeune marquis qu'elle adore... Mais pourquoi un de mes gens veut-il nous aborder d'une manière si timide? C'est Andréo, le fils du concierge.... Andréo, que veux-tu? approche; eh bien, approche donc.

Andréo s'avance : Monseigneur...
— Après, parle. — C'est que mademoiselle Ariana vient de nous dire que l'homme d'hier était un imposteur, et que mon père et moi nous sommes si fâchés d'avoir participé, par erreur, à l'enlèvement de la belle demoiselle ! — Eh bien, qu'ont de commun tes remords avec...? — Mon père m'a dit tout à l'heure : Andréo, puisque tu as été aussi coupable que moi, vas au moins rendre à monseigneur le service de lui dire ce qu'est devenue la belle demoiselle. — Comment, tu sais ce qu'elle est devenue?
— Quand ils sont partis, hier, en l'emmenant, moi, qui étais tout tremblant devant ce prétendu *Il Sosio*, je me suis mêlé dans la foule qui l'accompagnait, pour le suivre.

Il avait avec lui un jeune pélerin qui parlait, oh, qui parlait à la belle demoiselle! et elle, dame! elle lui serrait la main, et lui répondait avec le même feu... —C'est Fidély, baron... continue?.. —Ils ont pris des détours, des détours! Arrivés près de la grande place, où chacun les regardait... il y avait même là une sentinelle qui a osé lui porter les armes. *Il Sosio* a ordonné que ce soldat fût mis en prison, pour l'avoir, pour ainsi dire, dévoilé, lui qui veut rester inconnu. — Cet impudent! après? — Après? il a fait signe de la main, comme cela, pour que tout le monde s'éloignât et qu'il restât seul. Quand il s'est vu avec son jeune compagnon, il s'est rendu le plus vite possible à l'hôtel de la *Locanda Reale*. Moi, qui les suivais de loin, je me suis glissé dans les cuisines, et j'ai appris là qu'il était venu, le matin, une belle dame avec sa femme de chambre, une marquise vraiment, une grande marquise qui était la mère du plus jeune pélerin. Les garçons, qui ont servi le dîner, les ont entendus plusieurs fois s'appeler *ma mère*, *mon fils*. La belle demoiselle a pleuré de joie en les revoyant..... voilà ce que j'ai su. L'heure me rappelant ici, je suis revenu. — C'est bon, laisse-nous.

Andréo se retire. Eh bien, baron, dit Léonardo, il est clair que c'est Gérald, Fidély, qui ont fait le coup hardi de me ravir, sous un nom supposé, Inésia, et qu'ils l'ont remise à la marquise d'Arloy. — Si j'étais arrivé un jour plutôt, et descendu, comme vous me l'aviez indiqué, dans cet hôtel, j'aurais découvert et déjoué toute cette intrigue. Y sont-ils encore, ces misérables ? — Oh non, ils auront eu le soin d'en partir. Ils auront bien pensé que leur ruse ne tarderait pas à se découvrir. Au surplus, rendons-nous de ce pas à cet hôtel, et voyons par nos yeux.

Léonardo et le baron vont à la *Locanda Reale*. Ils demandent la marquise d'Arloy. On leur répond que cette dame, sa femme de chambre, et une jeune demoiselle qu'on leur a amenée, sont parties, la veille, à minuit. — Et ces deux pèlerins ? — Oh, monseigneur, ne parlez pas ainsi d'*Il Sosio* ! — J'ai mes raisons. Où est-il ? — Un quart d'heure après qu'il a eu amené la demoiselle, il est parti avec son jeune compagnon, chargés tous deux de nos bénédictions. — Il suffit.

Léonardo et le baron reviennent. Ne vous l'avais-je pas annoncé, baron, dit le premier ? ils sont tous partis, dans la crainte d'être découverts. Nos conjectures étaient justes. Mais cette marquise , où croyez-vous qu'elle emmène Inèsia. — Je ne sais. Elle ne fera certainement pas l'imprudence de la conduire à son château d'Arloy, où vous pourriez la reprendre sans qu'on y opposât la moindre résistance. Je ne devine pas où ils sont tous allés. — Depuis hier, ils ont du temps sur nous. Allons, ne nous occupons plus, pour le moment, que de notre grande affaire. Tout paraît favoriser Gérald. Il triompherait si nous ne frappions pas de plus grands coups. Il faut ajouter à ses griefs celui de prendre un nom respectable et de compromettre ainsi un grand monarque. Il n'y a pas de doute que, cette fois, il ne puisse échapper à la rigueur des lois. Si elles le protégent, si la tête tourne tout à fait à ce vieillard, si justement irrité autrefois et qui faiblit aujourd'hui, vengeons-nous par nos mains et immolons un ennemi qui nous nuit, par tous les moyens que le sort nous présentera.

Ils s'entretinrent encore plus intimement de cette affaire, et il fut résolu qu'ils partiraient tous les deux, le lendemain même, pour Milan, où ils tâcheraient d'armer la sévérité du gouvernement contre un coupable, un ennemi mortel, qu'ils voulaient sacrifier.

CHAPITRE X,

Plus obscur que tous les autres.

On sait comment Gérald et Fidély ramenèrent à l'hôtel de la *Locanda Reale* la belle Inèsia. En entrant dans l'appartement de la marquise, Gérald lui dit : Je vous ai tenu ma parole, madame ; voilà votre fille adoptive. — O bonheur ! O grand homme qui nous la rendez, recevez nos remercîmens. Qu'il est beau d'user ainsi de la puissance suprême pour protéger l'innocence et le malheur !—Madame, que parlez-vous de puissance suprême !... — Il est vrai, je me tais. Viens, ma fille, viens dans mes bras, et raconte-moi de point en point tout ce que tu as souffert depuis notre cruelle séparation ?

Inèsia pleure de tendresse et de reconnaissance sur le sein de la bonne marquise. Gérald réplique : vous aurez tout le temps, madame, de lui demander ces détails ; je vous laisse avec elle, en vous engageant cependant à partir, ce soir même, pour vôtre château d'Arloy, où vous n'aurez rien à craindre de Léouardo. Mais, je le répète, il faut que vous repartiez d'ici ce soir ; demain, vous pourriez y courir les plus grands dangers. Pour moi et Fidély, nous vous quittons à l'instant.

Fidély s'écrie : A l'instant ? et pourquoi ? — Mon devoir m'appelle ailleurs, monsieur le marquis, et le vôtre est de me suivre.

La marquise répond pour Fidély : Oui, mon fils, ton généreux protecteur a raison ; tu lui dois respect et soumission. Je lui cède tous les droits que j'ai sur toi; c'est pour ton bien qu'il t'emmène, c'est pour ton avancement. — Mais, madame, dit Fidély, autrefois, vous m'accusiez d'ingratitude, de désobéissance, parce que je m'étais attaché à monsieur; aujourd'hui vous êtes la première à me prier de le suivre ? — Oh, c'est bien différent ! les temps sont changés. Je ne savais pas alors, je ne me doutais pas... Oh, mon Dieu ! si j'avais pu deviner.... — Eh quoi, tout le monde me persécute. A peine je retrouve Inèsia qu'on veut m'en séparer. — Monsieur, reprend Gérald, vous avez à suivre une nouvelle carrière qui exigera de vous bien des privations momentanées, mais qui peut vous conduire à la gloire, au bonheur. Elle s'ouvre devant vous, cette brillante carrière, refuserez-vous d'y entrer ? — Sans doute, répond la marquise. Je comprends bien ce qu'on te dit, mon fils. Il est question de la carrière des armes. — Que ce soit celle là ou une autre, dit Gérald, monsieur m'entend aussi très-clairement, et sait que nous n'avons pas un instant à perdre. Venez, Fidély, je vous attends.

Gérald s'achemine vers la porte, et fait signe au jeune homme de le suivre. Fidély se jette aux genoux d'Inésia, presse une de ses mains sur ses lèvres brûlantes ; et la marquise, le forçant à se relever, lui dit en le conduisant vers Gérald : Va, mon fils, suis ce grand homme : tu sais quel plaisir j'aurais à te garder, à te ramener avec moi ! ce serait mon plus grand bonheur ! Mais il faut de la raison ; il faut céder (*elle ajoute tout bas*) au puissant roi Philippe qui te protége. Chut sur ce secret ?

Fidély, étourdi de ce qu'il voit, de ce qu'il entend, fait quelques pas vers Gérald, qui, le saisissant par le bras, l'entraîne en disant : N'ai-je donc pas fait assez pour vous, en rendant Inèsia à votre mère ? Attendez du temps qu'il couronne mon ouvrage.

C'est en vain que Fidély jette sur Inèsia des regards de tendresse et de douleur, Gérald le force à descendre avec lui, et les voilà tous les deux dehors de l'hôtel.

Une nouvelle troupe de curieux les entoure encore, ensorte que Fidély ne peut questionner son père suivant l'extrême désir qu'il en a. La foule les accompagna, à la seule clarté de la lune, jusqu'à l'entrée du bourg de San-Georgio, à trois lieues de là, où elle se retira sur un simple signe que fit Gérald aux gens qui étaient le plus près de lui. A San-Georgio, ils entrèrent dans une très-bonne auberge pour y passer la nuit.

Retirés dans leur chambre et prêts à se mettre au lit, Fidély, n'osant pas faire à son père toutes les questions qui se présentaient en foule à son esprit, ne put s'empêcher néanmoins de lui dire : Mon père, votre fils passe tour à tour, et mille fois dans la journée, par des épreuves bien étranges ! Qu'il est malheureux de n'avoir pas assez mérité votre confiance pour que vous daigniez le mettre au fait au moins des choses qui se passent sous ses yeux ! Vous étiez aveugle à la fontaine Sainte-Catherine ; hermite près d'Auch ; vous voilà pélerin ; que deviendrez-vous par la suite ? — Je changerai encore, je t'en avertis. — Que serez-vous donc ?

— Tu le verras. — Mais voir, mon père, et ne pas me rendre compte de ce que je vois, vous conviendrez que c'est un cruel supplice ! Moi, qui ne vous ai point quitté depuis trois mois, qui vous ai vu prendre divers travestissemens ; vous me permettrez de vous demander pourquoi, au lieu de fuir sans cesse le baron de Salavas et son Léonardo, qui vous semblaient si redoutables, vous n'avez pas pris plutôt ce nom magique que vous portez aujourd'hui, et qui les aurait fait trembler les premiers ? — Je ne le pouvais pas alors, mon ami. — Mais... il me semble... qu'un homme comme vous peut tout. — Il est certain que je commence à recouvrer du pouvoir. — Tu l'as vu ? — Non seulement je l'ai vu ; mais si j'en croyais les bruits publics, vous seriez... — Tais-toi, ne prononce pas ce nom sacré que tu
dois

dois respecter le premier. — Ah, la défense est aussi pour moi ? Si je prononçais ce mot, je me verrais enveloppé dans la proscription qui menace généralement tout homme assez imprudent pour le divulguer ? — Tu dois imiter le silence de tout le monde. — Je ne suis donc point votre fils ? — Comment, Fidély ! tu es mon fils, mon fils chéri, héritier de mon nom, de tout ce que je puis être. — O, mon père !... vous me faites trembler, et ce front auguste, digne du diadême, m'apprend assez qu'on m'a dit la vérité. — La marquise n'a pu garder un pareil secret, je le vois. Eh, je ne puis l'en blâmer : elle se croit mère, elle a cru pouvoir tout dire à son fils. — — Vous, qui êtes vraiment père, vous n'avez point son tendre abandon ! — Tu me fais des reproches, des reproches ! dont j'aurais le droit de te punir ; car il faut que j'aie de fortes raisons pour me voiler à tes regards. — Si vous êtes ce qu'on dit, je ne puis deviner ces raisons. — Eh bien, admettons que je le sois, *ce qu'on dit!* Qui a le droit de pénétrer un secret que je veux garder ? — Je le conçois, mon père ; mais votre fils ? — Mon fils le premier doit se montrer le sujet le plus obéissant. — Le sujet! Grand Dieu! vous seriez Philippe? — Qui t'a dit cela ? C'est une supposition que nous avons faite. Je t'ai dit *si je l'étais*, et voilà tout.

Fidély retombe dans sa tristesse. Gérald continue : Réfléchis donc grand enfant. Le roi Philippe aurait-il joué, pendant deux ans, le rôle d'aveugle à la fontaine ? aurait-il redouté un Salavas, un Léonardo? Le roi Philippe aurait-il cédé son fils unique au marquis d'Arloy pour une modique somme de soixante mille francs ? Le roi Philippe aurait-il caché les restes sacrés de sa femme dans le caveau de cette fontaine Sainte-Catherine ? Le roi Philippe enfin aurait-il éprouvé les transes, les agitations, les inquiétudes dont tu m'as vu agité depuis que tu me connais ? Non, mon cher fils, le roi Philippe n'a pas quitté sa cour, où il fait les préparatifs du plan de campagne nécessaire pour repousser l'agression de l'empereur Léopold, qui veut lui enlever Milan, Crémone, et toutes les provinces qu'il possède en Italie. Voilà ce que fait le roi Philippe ; *il a*, comme je sais qu'il l'a dit, ces jours-ci, à Léonardo, *il a autre chose à faire qu'à courir les champs* ! Ainsi, mon ami, que toutes tes espérances de grandeur s'évanouissent ; que le sceptre et la couronne tombent de tes mains; je ne suis pas le roi Philippe.

Fidély, qui était plus effrayé que charmé du rang suprême qu'on attribuait à son père, sent sa poitrine dégagée d'un grand poids. Il répond: Ne croyez pas, mon père, que l'ambition et la soif des grandeurs aient un seul moment exalté ma tête; je regrettais même d'avoir, par la suite, un pareil éclat à soutenir. — Je t'arrête là et te prie de me dire pourquoi tu serais fâché d'être le fils d'un souverain? — Eh! mon père, il est si difficile de bien gouverner les hommes! — Explique-moi cette belle phrase. — Je veux dire que la couronne est un grand fardeau pour celui qui la porte. — Si le sort t'eût fait héritier d'un trône, tu aurais donc eu la pusillanimité d'en frémir, de t'effrayer d'une tâche aussi glorieuse? — Vous m'avez mal entendu, mon père. Soyez sûr que si j'avais été appelé à de si hautes destinées, j'aurais fixé près de moi la fermeté, la sévérité sans doute; mais en même temps j'aurais appelé la justice, l'indulgence, la bonté, et j'aurais fait tous mes efforts pour rendre heureux mes peuples. — A la bonne heure. — Mais, puisque je ne suis qu'un simple particulier jeté dans la foule comme tant d'autres, je préfère mon obscurité à la grandeur; et posséder un père aussi tendre que vous l'êtes, est pour mon cœur un bien plus grand que si j'étais le fils d'un potentat. — Excellent fils!... Mais avoue que tu étais dans l'erreur? Peu s'en faut que tu ne m'aies traité de *majesté ;* tout à l'heure même j'avais à tes yeux un front *auguste, digne du diadème!* Ce que c'est que la prévention!

Gérald sourit en disant ces mots; puis il reprit d'un ton plus sérieux: Qu'il ne soit plus question entre nous du roi Philippe, mon cher fils, et que... — Vous savez donc qu'il a parlé à Léonardo? — J'ai des gens qui me rendent compte des moindres démarches de ce méchant Italien. — Oh, oui... oui, vous avez des gens, et voilà ce qui a trompé la marquise, qui prétend que le roi d'Espagne, voyageant, il y a trente mois, sous le nom d'*Il Sosio*, avait des gens aussi; mais de sa garde sans doute, ou bien ses courtisans? — Je n'ai pas de courtisans, mon fils; mais je puis avoir une garde. — Vous auriez une garde? — Eh! ne suis-je pas mieux gardé par mes amis intimes que par une troupe de soldats? N'as-tu pas remarqué notre fidèle Vernex parmi ces amis qui sont venus m'offrir leurs services à l'hermitage et dans la nuit passée depuis à la fontaine Sainte-Catherine? —Oh! mon père, ces gens là!... — Je sais qu'ils te paraissent suspects. Dans la suite tu leur rendras plus de justice. — Enfin, mon père, puisque vous n'êtes pas Philippe, comment osez-vous prendre son nom d'incognito, ce nom si révéré, si redouté ? — Voilà encore un secret que je ne puis te dire pour le moment. —Vous faites trembler tout le monde, comme il le faisait! —C'est vrai. — Vous ordonnez, vous agissez comme si c'était lui-même. —Tantôt j'ai même fait arrêter un factionnaire qui a eu l'imprudence de me porter les armes. — Eh bien, ne craignez-vous pas d'offenser le roi Philippe V? — Ceci me regarde.—Il vous punira. — Si je l'ai mérité, je me soumettrai à sa colère. — Mais vous l'aurez mérité, mon père! quand on saura qu'un simple particulier comme vous s'est permis d'abuser d'un grand nom, de faire arrêter qui lui déplaisait! — Alors, ma conduite sera examinée, n'est-ce pas? — Oh! je frémis de ce qui peut en résulter. Car si vous défendez, vous ou par le moyen de vos amis qui, je le vois, vous servent à jouer ce rôle, si vous défendez, dis-je, à tout le monde, à moi le premier, de prononcer le nom du roi Philippe, c'est pour.... — C'est pour qu'on croie que je le suis en effet; tu l'as deviné.

Fidély, étonné de tant d'audace, regarde fixement son père, qui sourit à chaque réponse qu'il lui fait. Fidély s'écrie : Quoi, mon père, vous que j'estime! vous vous conduiriez comme un vil faussaire. — Apparemment que cela est dans mon caractère

ractère et dans mes principes. — Oh, non, non ; je ne le crois pas, vous ne pouvez pas...... Il faut que vous ayez des motifs inconnus. Il faut qu'il y ait là-dessous......—A la bonne heure, mon ami ; oui, il y a là-dessous un mystère que tu ne peux ni ne dois pénétrer. Ne sors jamais de ce raisonnement, mon cher fils ; demande-toi si tu juges ton père digne de ton estime, de celle du vénérable Ayrard de Clermont-Lodéve, de celle enfin de tous les honnêtes gens? Si ta conscience te répond *oui*, laisse alors ton malheureux père agir comme il croit devoir le faire, et ne pense pas qu'en aucune circonstance il veuille compromettre cet honneur pur et sans tache qu'il veut, un jour, te transmettre comme un héritage des plus précieux. A propos, j'ai reçu des lettres de ce digne archevêque d'Auch. Il me mande qu'Inésia lui a écrit du fond de sa prison; cela était naturel. Il me donne aussi d'excellentes nouvelles de ma funeste affaire en Italie. Tout va le mieux du monde. Ce sage prélat, qui me connaît tout entier, sans voile, espère obtenir ma grâce. Il est certain que je ne lui ai caché aucune des circonstances de ma vie. Je lui ai appris même le subterfuge dont j'use en ce moment, en prenant un nom supposé pour..... — Et vous croyez qu'il vous approuvera? — Tu en reviens toujours à tes craintes chimériques ! Il m'approuve très-fort dans sa réponse que j'ai là. O mon ami, quel saint homme ! et que je lui aurai d'obligations, quand tous mes malheurs seront finis ! — Quand viendra ce moment, mon père? — Il dépendra de nous. — De nous? — Oui, de toi et de moi. — Comment cela? — Quand il en sera temps, je t'instruirai de ce que tu auras à faire. — Oh! disposez de moi. — Je compte bien sur toi! — Que je serais heureux de pouvoir contribuer, par tous les moyens qui sont en mon pouvoir, à vous rendre le bonheur et la tranquillité! — Fidély, je ne puis que répéter la même exclamation : excellent fils! ô le meilleur des fils!

C'est ainsi que toutes les explications, que Fidély provoquait, tournaient toujours à l'accroissement de sa tendresse, de son respect et de sa confiance pour son père. Gérald avait un son de voix doux, flatteur, persuasif; il chérissait son fils et lui en donnait des preuves non équivoques. Ce fils soumis pouvait-il ne pas aimer un homme qui, disait-il, ne cherchait à terminer ses malheurs que pour combler la félicité de ce fils adoré !

CHAPITRE XI.

Personnages nouveaux; affront fait à un méchant.

Le lendemain matin, Gérald et son fils continuèrent leur route. Avant d'entrer dans Cento, ils passèrent le Reno dans un bateau plat, et ils arrivèrent, le même soir, à Ferrare. Gérald voulut que, dans cette ville, son fils et lui reprissent leurs personnages de pélerins, sans qu'il y fût question d'*Il Sosio*, dont le talisman n'avait été employé que pour quitter la France en sûreté, et délivrer ensuite Inèsia des mains de Léonardo. Après avoir choisi un modeste asile et s'être reposés quelques jours d'un long voyage fait à pied, depuis Marseille, ils entrèrent, un matin, dans l'église des Bénédictins. Là, avant de faire leur prière accoutumée, Gérald prit la main de son fils, et le fit agenouiller comme lui devant un tombeau. Tu connais l'amour, Fidély, lui dit-il ; eh bien, honore les cendres que renferme ce monument funèbre. Ces cendres sont celles de celui qui chanta le mieux l'amour, ses douceurs, ses plaisirs, ses peines et ses fureurs. Ce tombeau, mon ami, est celui de l'Arioste ! Tout bon Italien, tout ami de la poésie, de quelque pays qu'il soit, doit un soupir à ses restes précieux !

Fidély et son père rendirent hommage au marbre qui couvrait le chantre de Roland, et, se retirant ensuite sous le porche de l'église, Fidély y fit à demi-voix la prière qu'il avait coutume d'adresser aux passans, depuis son nouveau déguisement : « Priez Dieu pour l'heureux voyage de deux pauvres pélerins, dont l'un est octogénaire, s'il vous plaît ? »

Deux particuliers s'arrêtent, examinent les pélerins, et l'un dit à l'autre, mais à demi-voix : Ce sont eux ! les voilà tels qu'on nous les a désignés. Attendons qu'ils sortent !

Ils sont pâles et ont l'air d'avoir de mauvais desseins. Fidély dit tout bas à son père : Avez-vous entendu ?... voyez-vous ces hommes, qui nous suivent, qui ne nous quittent pas ?... — Que crains-tu ? — Je ne sais ; mais ils nous regardent d'un air menaçant. Quel peut être leur projet ? — Nous le saurons ; ils s'expliqueront.

— Vous avez l'air bien tranquille ! — C'est que je ne redoute rien.

Au même instant, un jeune garçon

s'approche, et nos deux amis reconnaissent Georges Vernex. Venez, leur dit Georges, venez de ce côté où il y a moins de monde ; j'ai quelque chose à vous apprendre.

Gérald et son fils vont avec Georges dans un endroit plus écarté, et remarquent que les deux étrangers, quoiqu'un peu éloignés, ont toujours les yeux fixés sur eux. Léonardo, dit Georges, est revenu à son château avec le baron de Salavas, le lendemain de la sortie d'Inèsia. Ils sont tous deux furieux contre vous, Léonardo sur-tout. Il prétend qu'il a vu le roi Philippe, et que vous usurpez son nom. Il veut, dit-il, vous faire arrêter, punir comme faussaire, et il est, depuis hier soir, dans cette ville. J'ai quitté aussi son château, où je n'ai plus rien à faire, pour vous avertir de vous mettre sur vos gardes. — Que m'importe sa colère, répond Gérald d'un ton calme et même imposant ! Ce sont sans doute deux de ses agens qui nous regardent là. Qu'ils viennent; je les attends ! — S'il ne s'agissait, mon père, dit Fidély, que de vous défendre les armes à la main, votre fils répondrait de vos jours et de votre liberté. Mais que peut-il contre l'autorité ? — L'autorité ! Léonardo n'en a plus sur moi. C'est maintenant à lui de trembler. Sortons et tentons cette nouvelle aventure dont je ne redoute aucunes suites.

Gérald, Fidély et Georges sortirent de l'église, et, à peine furent-ils dans la rue, que les deux particuliers les abordèrent. Je ne me trompe point, dit le plus âgé, c'est le seigneur Gérald à qui nous avons l'honneur de parler? — C'est moi-même,

Qui êtes vous ?—J'ignore si, devant ce jeune pélerin, je puis vous parler de votre famille. — De ma famille ? en grâce, qui êtes-vous ? — Je suis...

L'étranger se nomme bas à l'oreille de Gérald, et continue haut : Vous le voyez, mon frère que voilà et moi, nous sommes vos amis. Savez-vous qu'il y a bien des années que nous ne nous sommes vus.

Gérald paraît étonné et charmé en même temps. Il examine les deux étrangers, et répond à celui qui a parlé déjà : C'est vous, je vous reconnais très-bien ; votre voix, vos traits que le temps a fort peu changés... O mon ami, quel bonheur de vous revoir !

Il s'adresse à Fidély : Permettez, Frère Paoli, que je parle en particulier à ces messieurs. Rendez-vous à notre logement avec Georges

Dans peu, j'irai vous y rejoindre.

Fidély n'est pas très-content des figures des deux inconnus ; il croit leur trouver quelque chose de faux dans le regard, et il est surpris que deux des meilleurs amis de son père (car c'est ainsi qu'il vient de les accueillir) les aient regardés d'un air si impérieux et même menaçant dans l'église des Bénédictins. Fidély se retire avec Georges, et quelques heures après, il voit revenir son père qui a l'air très-satisfait. Réjouis-toi, mon fils, lui dit-il ; les deux personnes que tu as vues sont de mes compatriotes, de mes meilleurs amis, et elles vont hâter le moment de notre félicité. Quand nous serons à Milan, tu apprendras les services signalés qu'elles veulent bien nous rendre. L'un d'eux, celui dont le front vénérable est couvert de cheveux blancs, se charge de nous amener Inésia et la marquise, à Milan même, où leur présence nous deviendra nécessaire. Je vais écrire en conséquence à ces deux dames, et tu joindras à ma lettre, pour la douce amie de ton cœur, une apostille que je n'aurai pas besoin de te dicter, j'en suis certain.—Peut-être mon père ne peut-il pas encore me dire les noms de ces nouveaux venus? —Ces nouveaux venus! comme tu les traites! Quand je te dis que ce sont mes amis les plus dévoués. — Ils ont pourtant des figures qui ne me reviennent pas, et leurs vêtemens sont bien simples. — Doit-on juger les hommes à l'habit, sur la figure! Tu serais bien étonné si je te disais qui sont ces messieurs, qui te paraissent suspects, je ne sais pourquoi...Laisse-moi, laisse-moi écrire à ta mère adoptive?

Gérald, ayant terminé sa lettre, la lut à Fidély, et Fidély, quoiqu'agité d'un funeste pressentiment, y ajouta quelques lignes.

Sur le soir, les deux étrangers se présentèrent et saluèrent Gérald avec l'air du plus profond respect. Quant à Fidély, ils parurent ne pas faire la moindre attention à lui, ce qui déplut à notre jeune homme, et confirma ses doutes sur le peu de confiance que ces gens là méritaient. Mais son père les accablait d'égards, et ils y répondaient par les protestations du plus grand dévouement. Fidély crut donc de son devoir de se taire, et d'attendre que le temps vérifiât ses soupçons.

Gérald leur donna sa lettre; ils la prirent, et le plus âgé dit: Au point du jour, nous prendrons la poste, et nous ne perdrons pas un moment dans notre voyage, jusqu'à ce que nous vous ayons ramené, chez moi, à Milan, l'aimable demoiselle d'Oxfeld et sa mère adoptive, que nous allons chercher de votre part, à leur château d'Arloy. Adieu, cher, excellent ami; comptez sur nous.

Ils sortirent, et Gérald regardant son fils dont le silence l'étonnait, lui dit : Comment, mon Fidély, tu ne parais pas content? Le terme de nos courses est à Milan ; on va y conduire ta chère Inèsia; tu la reverras, sans doute pour ne plus la quitter, et tu restes triste, soucieux? Qu'as-tu, mon fils? — Mon père, je serais plus tranquille si je connaissais aussi-bien que vous ces deux messieurs, qui se montrent si obligeans, si démonstratifs sur-tout. Ils ignorent apparemment que j'aime Inèsia? — Ils le savent, puisque c'est pour toi qu'ils agissent. Il est clair que ce n'est pas pour moi, qui n'ai rien de commun avec ton Inèsia ? — Pourquoi donc ne m'ont-ils pas adressé une seule parole ? — Leur as-tu parlé ? les as tu remerciés ? Tu avais l'air de les bouder; il s'en seront aperçus; et d'ailleurs je leur ai caché que tu fusses mon fils.—Pourquoi ? à de si grands amis ! — Voilà du persifflage, auquel je ne comprends rien. Crois qu'ils sont dignes de ma confiance, puisque je la leur ai donnée. Mais, laissons cela ; l'événement te prouvera que tu avais tort de les mal juger.

Cette fois, Fidély ne fut pas du tout persuadé que son père eût raison. Le lendemain, Georges lui remit une lettre qu'il ouvrit précipitamment. Enchanté de voir qu'elle était d'Inèsia, il demanda à Georges comment cette lettre était parvenue à son adresse, puisque mademoiselle d'Oxfeld devait ignorer que lui et son père voyageassent, fussent à Ferrare pour le moment? Georges lui répondit : Il y avait une enveloppe que monsieur votre père a décachetée; sur cette enveloppe, on lisait : A *Il Sosio*. Est-ce que tout ne parvient pas à *Il Sosio*, dans le monde? — Tu m'étonnes, mon ami! mais lisons.

Il lut bas. Inèsia lui donnait de ses nouvelles, de celles de la marquise; toutes deux étaient tranquilles maintenant et n'avaient plus d'autre chagrin que celui d'être séparées de l'objet de leur tendresse. Inèsia écrivait en un mot à Fidély, dans les termes les plus tendres; mais quel fut son effroi, quand il lut ces mots, terribles pour lui, à la fin de sa lettre:

tre : J'ai voulu, hier, mon cher Fidély, aller me promener du côté de la fontaine Sainte-Catherine, où tu me juras, un jour, amour pour la vie.... J'étais sortie dans cette intention : la terreur m'a fait rétrograder, je suis revenue chez moi. Cette fontaine m'est devenue odieuse depuis ce qu'on m'en a appris. Sais-tu cela, mon ami ? ton protecteur t'a-t-il appris cette affreuse catastrophe ? Pendant une nuit obscure, dit-on, (il y a de cela vingt ans et quelques mois), un misérable, un monstre affreux, assassina sa femme au pied de cette fontaine, et jeta son corps, privé de la vie, dans un caveau qui se trouve au fond de la source. La personne qui m'a assuré ce fait, a été témoin de ce meurtre, mais témoin éloigné, timoré, et qui s'est évanoui aux cris de la victime. On a vu le cadavre, quelque temps après, dans ce caveau, et l'on prétend qu'il pourrait bien y être encore. Juge si ce lieu est favorable aux amours, et sur-tout à distraire la mélancolie d'une amante abandonnée, telle que je le suis !.... O lieu funeste ! je ne le reverrai jamais sans horreur !

Qui ne serait glacé d'effroi, comme le fut Fidély à cette lecture ! Cette femme assassinée..... dans ce caveau.... On lui a dit que c'était sa mère. Dieu ! Gérald aurait-il commis ce crime affreux ! il ne l'avoue pas ; il ne peut pas l'avouer ; mais quelqu'un a été témoin de son forfait, et s'est évanoui aux cris de la victime ! Quel est-il donc, ce Gérald ? Sa conduite offre mille détours bien suspects. Il est lié avec Vernex, et Vernex fut autrefois le plus vil des scélérats; il reçoit des grands, des mendians, des vagabonds, des prélats, des gens sans aveu, des officiers, et toujours des personnes qui gardent l'anonyme. On ne peut pas savoir les noms de ces hommes là? Aujourd'hui il ose prendre l'incognito dont s'est servi un grand roi, et ne craint pas que cette audace soit punie?... Quel est-il donc?... et s'il fût le meurtrier de Paola! ou d'une autre; car Paola ne fut peut-être pas le nom de sa femme. Il a pu raconter son histoire à sa guise, sous les couleurs qui lui sont le moins défavorables. Si elle est morte naturellement, quelle nécessité y a-t-il de la cacher dans un caveau isolé, inconnu? pourquoi ne ne lui avoir pas fait rendre les honneurs funèbres ? qui empêchait ce père affligé, cet époux désolé, de publier la perte qu'il venait de faire? et pourquoi la voiler à tous les regards?

Voilà des réflexions que Fidély n'avait pas encore faites et qui viennent malheureusement trop à l'appui de la nouvelle que lui apprend Inèsia! Inèsia ne sait pas à quel point cette nouvelle concerne et désespère Fidély! Elle ne se doute pas que la malheureuse femme immolée est sa mère, que son assassin est son père! Quelle serait sa douleur, à cette sensible Inèsia, si elle connaissait ces tristes particularités! qu'elle les ignore à jamais, et puisse Fidély les avoir toujours ignorées! Ce fatal trait de lumière est entré dans son cœur; il le dévore; il en chasse, pour ainsi dire, la nature, et Fidély sera long-temps à regarder son père des mêmes yeux qu'auparavant !

Ce père entre dans sa chambre; il lui ordonne de le suivre dans la ville, et, remarquant sur ses traits du trouble, de la tristesse, Gérald les attribue à ses soupçons de la veille contre ses nouveaux amis; car Gérald ne peut deviner ce coup qui vient de frapper encore son cher fils.

Fidély suit son père; mais il est silencieux. Tous deux s'arrêtent à contempler un superbe palais, qui appartenait alors à la maison d'Est, et que l'on appelle encore aujour- hui le *Palais de Diamans*, parce que les pierres de la façade en sont taillées en facettes...

Gérald et Fidély étaient toujours habillés en pélerins, et Gérald, ayant une longue barbe, le dos voûté, toute l'attitude d'un vieillard plus qu'octogénaire, attirait les regards et les respects de la multitude. Tout à coup une espèce de sbire sort du palais, s'avance vers nos deux voyageurs et leur dit : Bons pélerins, pardon si je vous importune ; mais c'est de l'ordre de monseigneur le gouverneur de Ferrare, qui vous engage à monter lui donner des explications dont il vous dira le motif. Le seigneur Léonardo est en ce moment près de lui, et tous deux désirent vous parler.

Fidély frémit, tandis que Gérald, se redressant un peu, répond avec une noble fierté : Je pourrais me dispenser de me rendre chez votre gouverneur ; ce serait au contraire à lui à venir me trouver, si je l'exigeais, et si je consentais à lui faire l'honneur de le recevoir... mais je veux confondre et punir la calomnie. Allez lui dire qu'il va voir *Il Sosio,* que je vous suis.

Le sbire tombe à genoux, en

s'écriant : *Il Sosio !* ah, mon bon sauveur, ne me perdez pas, en grâce, ne me perdez pas? — Relevez-vous et exécutez l'ordre que je vous donne.

Le sbire rentre au palais, et Fidély dit tout bas à son père, du ton le plus ému : Quoi, vous persistez à prendre ce nom ? vous nous perdez ? — Ce nom nous sauve au contraire. Tu vas le voir ; suis-moi.

Gérald marche d'un air aussi calme qu'assuré. Fidély l'accompagne en tremblant. Tous deux montent un vaste escalier, entrent dans une magnifique galerie, où des domestiques les introduisent, avec les formes les plus respectueuses, dans le cabinet même du gouverneur, vieillard à cheveux blancs et d'un aspect des plus vénérables. Léonardo est assis près de lui, et pâlit en voyant entrer son plus mortel ennemi qu'il reconnaît tout de suite à travers son déguisement. Le gouverneur dit à Gérald : Vieillard, ce jeune seigneur vient de détruire une illusion dans laquelle j'étais tombé, ainsi que tous les magistrats des villes par lesquelles vous êtes déjà passé. Il prétend que vous usurpez effrontément le nom d'*Il Sosio*, nom respectable que Philippe V a déjà porté, et qui n'appartient qu'à lui. Il assure que ce grand roi n'a pas encore quitté sa capitale ; qu'il a eu l'honneur d'être admis près de lui, il n'y a pas trois semaines, et qu'enfin ce puissant monarque lui a dit qu'un imposteur seul avait pu se permettre une pareille audace.

Gérald répond avec fermeté : Monsieur le gouverneur, ce jeune homme est seul un imposteur dans cette affaire. Le roi Philippe ne lui a pas tenu

tenu un pareil discours, et je dois le savoir, puisque je suis en effet *Il Sosio*. — Vous affirmez ?... — Je suis *Il Sosio*, vous dis-je ; ce mot doit vous suffire. — Doucement, vieillard, vous prenez un ton !... — Qui me convient, sur-tout envers ce lâche et vil dénonciateur.

Léonardo est furieux ; il s'écrie : Tu oses m'injurier, misérable Gérald ! — Je ne suis point Gérald ; je suis *Il Sosio*. — Peux-tu mentir avec cette insolence ! — Léonardo ! je t'ordonne de garder le silence devant moi, ou je saurai te faire punir comme tu le mérites. — Il me menace, lui ! lui, qui est souillé de crimes, banni, proscrit, dont la destinée est entre mes mains, lui enfin que je puis faire plonger, à l'instant même, dans le plus noir cachot ! — Je t'en défie ! — Ignore-tu que l'heure de la justice, de la vengeance, est prête à sonner ; que ton sort va désormais dépendre de ma clémence ?... Mais ce n'est pas à toi que je dois des explications ; tu n'en mérites aucune. Ce digne gouverneur a seul des droits à ma confiance. Qu'il me permette de lui parler en particulier ? Je vais lui donner des preuves certaines que je suis *Il Sosio !*

Léonardo veut répliquer. Le gouverneur, homme équitable et bon, se lève, prend la main de Gérald et entre avec lui dans un cabinet particulier dont il referme la porte, laissant ainsi Léonardo et Fidély ensemble. — Fidély, quoiqu'effrayé de la hardiesse de son père, n'en contemple pas moins son rival, de la tête aux pieds, avec un air de dédain. Marquis d'Arloy, lui dit Léonardo courroucé, vos regards insultans pourraient bien exciter ma colère.— Depuis long-temps, monsieur, vous avez allumé la mienne, et si l'état que je professe ne me recommandait pas le pardon des injures, j'aurais été déjà vous demander raison de votre odieuse conduite.

Léonardo sourit avec mépris et répond : C'est pousser trop loin la charité que vouloir bien oublier mes prétendues injures. Je ne suis pas si délicat, et vous auriez déjà éprouvé mon ressentiment, si l'honneur ne m'eût pas défendu de me mesurer avec le compagnon d'un vagabond tel que Gérald. — Vous osez l'insulter devant moi ? — Oh ! Je me permets même de vous railler sur cette honorable liaison. Vous voyez que je suis un ingrat qui ne veux pas mériter le généreux pardon que vous m'offrez. — Sortons, monsieur ! —

Non pas, non, beau pélerin. Vous continuerez à réciter les sept psaumes de la pénitence et à demander l'aumône pour vous et pour votre digne acolyte. Il me faut de plus nobles adversaires. Votre maman pleurerait trop si l'on faisait du bobo à son petit garçon. — Insolent! si cet endroit n'était pas respectable!... Nous nous retrouverons.

Fidély était au comble de l'indignation, et cette scène eût peut-être été plus loin, si le gouverneur et Gérald ne fussent pas rentrés.

Le gouverneur fit passer Gérald devant lui, avec toutes les marques de la plus haute considération, en lui disant ces mots, qui sans doute étaient la suite de leur conversation : Je suis charmé que cette malheureuse affaire se termine à votre avantage ; j'y prends le plus vif intérêt pour vous,

Le gouverneur se retourne vers Léonardo et lui dit du ton le plus imposant : Seigneur Léonardo ! quel que soit le poste qu'occupent les méchans, je les hais et je ne les crains point. C'est vous dire assez que je refuse désormais l'honneur de vos visites. Qu'il vous suffise d'apprendre de ma bouche que ce grand personnage est en effet *Il Sosio*, qu'il m'en a donné des preuves irrécusables. — Quoi, tandis que Philippe est encore à Madrid, cet homme a eu l'art de vous persuader ?... — C'est *Il Sosio*, vous dis-je. Tremblez le premier, à son aspect vénérable ; car il a le pouvoir de vous perdre, s'il le veut. — Moi ! ce lâche assassin ?...

GÉRALD. Sortez !

LÉONARDO. Sais-tu qui je suis, à qui tu parles ? As-tu oublié, vil Gérald ?....

GÉRALD. Je suis au dessus de toi. *Il Sosio* ne connaît point de supérieurs.

LE GOUVERNEUR *à Léonardo.* Il a raison. Il a le droit de commander chez moi, comme par-tout. Si vous vous exposez, seigneur Léonardo, que mes gens, ou les sbires réunis là-bas dans une salle basse de mon palais, vous manquent en suivant l'ordre qu'il peut leur donner de vous chasser d'ici, ne m'en accusez pas, ne vous en prenez qu'à vous.

LÉONARDO. Où suis-je ? Est-ce à moi qu'on parle; et M. le gouverneur ne sait-il pas que j'ai un oncle capable de venger un pareil outrage fait à son nom ?

LE GOUVERNEUR. Redoutez plutôt, seigneur, la colère de cet oncle trop long-temps abusé ! Ses yeux se sont dessillés à la fin, et si vous interrogez votre conscience; elle vous dira assez quel doit être l'excès de son indignation contre vous !

Léonardo *pâlissant*. Je ne vois pas...

Gérald. Vous ne le verrez que trop, monsieur, et vous me supplierez d'interposer mon autorité.

Léonardo. Son autorité ! Comme il parle ! Il se croit vraiment *Il Sosio*.

Le gouverneur. Il l'est, seigneur; faut-il vous le répéter, et ne suis-je pas un homme croyable ? Pensez-vous qu'avec mes cheveux blancs on m'en impose, on me fasse prendre des impostures pour des réalités ? Adieu, seigneur Léonardo. Je vous conseille de ne pas poursuivre cet homme estimable de ville en ville, comme vous en aviez le projet, ou vous recevrez, de chaque gouverneur, la même réception que vous me forcez de vous faire ; adieu.

Le gouverneur prend la main de Gérald, qui saisit celle de Fidély, en voyant les regards menaçans que ce jeune homme lance à Léonardo, et tous trois passent dans le second cabinet, dont ils referment la porte sur le ravisseur d'Inésia, qui voulait les suivre.

Léonardo est furieux à son tour, il rentre chez lui et rapporte au baron de Salavas toutes les circonstances de cette étonnante entrevue. Comment, répond le baron, il a osé affirmer devant vous qu'il est *Il Sosio ?* — Il y a plus, il l'a fait accroire à ce vieux duc d'Est ; cet imbécille de gouverneur le prend apparemment pour Philippe V lui-même, quoique je lui aie donné les preuves les plus convaincantes que Sa Majesté Catholique n'a pas quitté sa capitale, où elle fait à présent les préparatifs de son plan de défense contre l'attaque prochaine des Impériaux. — Ceci est vraiment incroyable. Le duc d'Est n'est pourtant pas un homme crédule et qu'on puisse tromper aisément. — Il faut que Gérald ait fabriqué des pièces, des titres, avec lesquels il trompera tous les magistrats, comme il a su abuser celui-ci. Salavas? est-ce que nous le laisserons triompher? — Mais il ne commence pas mal. Nous ne sommes déjà pas trop bien dans nos affaires. J'ai su par mes affidés que cet archevêque d'Auch, ce vieux Ayrard de Clermont-Lodéve, a plusieurs fois écrit à votre oncle contre vous, et qu'il en a reçu des réponses qui doivent bien vous inquiéter. — Gérald l'emporterait! — Je le crains. L'horizon se couvre de nuages de tous les côtés;

votre crédit diminue; il vous est, depuis peu, défendu de faire usage de l'ordre qu'on vous avait donné, que vous m'aviez confié, pour faire arrêter Gérald. On lui a fait espérer son pardon, et si cela arrive, sa haine et sa vengeance vous poursuivront par-tout. — On a mis trop de lenteurs dans cette affaire, et c'est votre faute, à vous, Salavas. — Comment, c'est ma faute! — Sans doute. Je vous avais ordonné de chercher, de découvrir Gérald, de faire exécuter votre ordre aussitôt que vous l'auriez retrouvé. Le hasard l'offre à vos yeux, et vous le laissez échapper trois ou quatre fois. — Ecoutez donc, seigneur Léonardo; savez-vous qu'en affaire pareille, un tiers est fort embarrassé. Il n'a qu'à l'emporter sur vous, ainsi que tout fait présager que cela va arriver, vous saurez braver son courroux, et moi j'en serai la victime; car les grands abandonnent soudain leurs agens dès que ces derniers ne peuvent plus les servir. — Lâche que tu es! c'est en balançant comme tu l'as fait que tu as amené un dénouement tout à fait contraire à nos vœux... Il est encore un moyen de réussir, et il est facile, si tu veux me seconder. Toi qui sus autrefois, pour te défaire du comte Sygemond, t'associer à une bande de voleurs, tu dois avoir l'habitude de parler à ces scélérats, de fréquenter les repaires qu'ils habitent; tâche de me trouver cinq à six coquins qui consentent, pour de l'or, à nous aider à attaquer les deux prétendus pélerins, lorsqu'ils passeront dans quelque lieu écarté, solitaire, tu m'entends? cela est très-aisé. Nous suivons, ou précédons leurs pas; je feins de les rencontrer.

Comme le jeune homme m'a insulté, je le force à mettre l'épée à la main. Pendant que nous nous battons, tes stipendiés fondent sur Gérald et l'immolent à ma fureur. Le jeune homme tombe ensuite sous nos coups, et me voilà débarrassé d'un rival, comme d'un ennemi dangereux. Gérald étant mort, je n'ai pas de peine à regagner la tendresse de mon oncle et à rentrer dans tous mes droits. Eh bien, que dis-tu de ce projet?

Salavas en frémit, non de l'exécution, mais de ses suites. Il répond: Quoi, seigneur Léonardo! un guet-à-pens, des assassinats! — Eh bien, qu'y a-t-il? depuis quelque temps, je te trouve des scrupules vraiment nouveaux! Tu as bien fait égorger, avec Sygemond, un jeune seigneur, un pauvre domestique et une malheureuse nourrice, qui ne t'avaient rien fait. Ici ce sont mes ennemis, ce sont les tiens que tu immoles; tu ne peux pas t'accuser, comme alors, d'avoir sacrifié l'innocence! Allons, il n'est pas que ton Le Roc ne connaisse des fripons, des gens à toutes mains; fais briller beaucoup d'or à leurs yeux, et paie-les ce qu'ils voudront? Songe donc que Gérald n'existant plus!... — Oh je sens tout cela à merveilles; mais ce pauvre Fidély! — Ne le plains pas; que tu t'en mêles ou non, c'est à moi à le punir; il m'a insulté, provoqué en duel. Lui et moi, nous ne t'aurions pas demandé ton avis pour nous battre, ce matin. Je me charge de lui; sers ma vengeance sur Gérald; celui-là ne doit pas t'inspirer d'intérêt. — A la bonne heure; mais, si ce coup manque, nous sommes perdus! — Il ne peut pas manquer, si nous y mettons de l'adresse et du courage. Salavas!

Il faut que Gérald meure, ou que je m'expatrie ! S'il rentre en grâce, s'il triomphe, je quitte Milan, l'Italie; tu en devines les raisons ! Ainsi, tous les services que tu m'as rendus, jusqu'à présent, resteraient sans récompense, et je ne répondrais pas même de ta liberté, ni de tes jours! Frappons donc le dernier coup ; il il est nécessaire à mon élévation, à ta sûreté et à ton bonheur ! — Sans doute, s'il réussit. — Je te donnerai d'abord la jolie terre d'Aqua-Fresca. — Assassiner un homme tel que Gérald ! — La métairie, les six fermes qui en dépendent. — Et ce pauvre Fidély, que j'ai vu naître !—Plus, le beau château de Figlioli.—Commettre de nouveaux forfaits à mon âge! —Avec six mille sequins de rente (1)!

---

(1) Faisant à peu près alors soixante mille francs.

— Six mille sequins ! — Et des honneurs, des titres, des dignités ! —Il faut que je vous sois bien attaché pour faire ainsi tout ce que vous voulez !

Ces deux scélérats firent venir Le Roc, et tous trois concertèrent un plan atroce qui leur fut suggéré sans doute par les furies de l'enfer.

CHAPITRE XII.

Ces gens là sont-ils bien francs ?

Cependant la marquise d'Arloy, la belle Inésia et la bonne Micheline, après leur dernière entrevue avec Fidély et le prétendu *Il Sosio* dans l'auberge de la *Locanda Reale*, à Bologne, en étaient parties le soir même, suivant les ordres de Gérald, et étaient revenues, à petites journées, à leur château d'Arloy, sans qu'il leur fût arrivé le moindre accident. Là, ces trois personnes vivaient tranquilles, et la sérénité était même rentrée dans leurs ames. La marquise, croyant son fils le compagnon d'armes, le protégé en un mot du grand Philippe V, n'en

était

était plus inquiette; elle avait mis Inèsia au courant du déguisement et du nom d'*Il Sosio*. Inèsia s'imaginait aussi que son amant était l'ami d'un puissant monarque, et elle voyait, dans l'avenir, des espérances de bonheur. Quant à Micheline, elle jouissait de voir ses deux chères maîtresses plus tranquilles; mais, sachant que Fidély était le fils de Gérald, et que Gérald ne pouvait pas être un grand personnage, comme on le lui disait sans décliner ni son nom, ni son grade, elle ne partageait pas les espérances de grandeur qui occupaient les têtes de la marquise et de son Inèsia. Micheline ne comprenait rien aux divers déguisemens que prenait successivement Gérald; elle ne voyait toujours en lui que l'indigent qui avait vendu son fils au feu marquis d'Arloy, et que le pauvre aveugle de la fontaine Ste.-Catherine. Cette excellente domestique feignait néanmoins de partager les beaux rêves de ses chères maîtresses ; elle y ajoutait même pour dissiper leurs inquiétudes et leur donner de la gaîté. Elles savaient toutes trois que le baron de Salavas avait, pour jamais, quitté la contrée, et elles étaient ravies d'être débarrassées d'un pareil voisin, à qui aucun moyen ne coûtait pour commettre les crimes les plus affreux. La sensible Inésia était la seule qui soupirât en pensant que sa mère devait le jour à un si méchant homme, et elle redoutait de se livrer à ces tristes réflexions, dans la crainte d'outrager la nature.

Micheline lui proposa, un jour, d'aller se promener avec elle du côté de la fontaine Sainte-Catherine, pendant que la marquise, un peu indisposée, voulait passer toute la matinée dans son lit. Inésia, ne pensant d'abord qu'au serment d'amour éternel que son Fidély lui avait fait à cette belle fontaine, accepta la proposition ; mais à peine fut-elle à moitié chemin, qu'elle se rappela l'histoire effrayante que lui avait récitée la vieille demoiselle Ariana, pendant son espèce de détention au château de Léonardo, à Bologne ; elle frémit, la raconta à Micheline dans tous ses détails, et toutes deux, effrayées, revinrent sur leurs pas. Micheline ignorait, comme Inésia, que la femme, égorgée et renfermée dans le caveau de la fontaine, fût la mère de Fidély, et que Gérald fût censé être son assassin ; mais l'idée d'un pareil crime et de se voir voisines d'un cadavre, les terrifia ; elles se promenèrent d'un autre côté et rentrèrent ensuite au château. Le lendemain matin, Inésia écrivit à son Fidély, sous le couvert d'*Il Sosio*, et ne manqua pas de lui raconter cette histoire de la fontaine Sainte-Catherine, ainsi qu'on l'a vu dans le Chapitre précédent. La marquise en fut instruite à son tour, et jura qu'elle ne mettrait jamais les pieds dans cet asile de la mort. Combien elles eussent été plus troublées, si elles eussent su de quelle manière cette histoire terrible se rattachait à celle de leur cher Fidély !

Depuis un mois qu'elles étaient revenues à Arloy, elles n'avaient pas reçu de ses nouvelles, lorsqu'un jour, deux voyageurs à cheval se présentèrent à la grille du château, et demandèrent au concierge qu'il les introduisît chez madame la marquise, à qui ils voulaient remettre une lettre de son fils.

Le vieux concierge est enchanté ; il monte lui-même avec les deux étrangers, et s'écrie en entrant dans le salon : Voilà des nouvelles de M. le marquis ! voilà des nouvelles de M. le marquis !

Madame d'Arloy et son Inèsia se lèvent transportées de joie, et font asseoir les étrangers dont l'extérieur paraît décent, quoiqu'il annonce peu de fortune.

Le plus âgé des deux dit à la marquise : Vous voyez, madame, en moi, le comte de Sessi, et, en mon frère, le colonel de Sessi, deux gentils-hommes milanais, qui sont chargés de vous remettre une lettre de la part de Gérald... de Gérald, leur meilleur ami. — De Gérald, répond la marquise ? dites plutôt d'*Il Sosio?*

— Il ne nous a point articulé ce nom là.— Donnez, monsieur, donnez, de grâce? — Madame peut lire haut. Tout ce qui regarde notre cher Gérald ne peut que nous intéresser bien vivement. Il fut, je le répète, dès son enfance, notre meilleur ami.

La marquise lit à haute voix, et dit d'abord, en regardant la signature: bien! c'est d'*Il Sosio*; je ne m'étais pas trompée, et je reconnais son écriture. Ecoute, écoute bien, Inèsia?

— O, ma mère, je suis tout oreilles.

« *Madame la marquise, au reçu*
» *de cette lettre, qui vous sera*
» *remise par deux gentils-hommes*
» *dont je fais le plus grand cas,*
» *vous aurez la bonté de suivre de*
» *point en point les ordres que je*
» *me permets de vous donner. Ils*
» *tendent à votre bonheur, à celui*
» *de la belle Inèsia, et de notre*

» cher Fidély, c'est vous dire assez
» quelle importance vous devez y
» mettre.

» Vous et votre Inésia, vous
» prendrez vos effets les plus pré-
» cieux, vos chevaux, votre voi-
» ture et vos gens les plus affi-
» dés. Vous suivrez mes deux en-
» voyés qui vous accompagneront
» à cheval, vous défendront en
» route contre toute attaque, si
» l'on osait en diriger contre vous,
» et vous conduiront enfin dans
» leur hôtel à Milan, où Fidély
» et moi nous aurons l'honneur
» de vous revoir.

» La campagne va s'ouvrir; la
» guerre s'allume dans l'Italie; il
» faut que je prenne les armes et
» que je ne les dépose que lorsque
» j'aurai vaincu mes ennemis.
» Vous sentez qu'il y va de ma

» gloire. Voulant veiller moi-même
» sur des personnes dont les jours
» sont si précieux à mon jeune
» ami, je désire les avoir près de
» moi, près de lui. Sur le théâtre
» de la guerre, pour ainsi dire,
» vous serez plus à portée de ju-
» ger les actions d'éclat, les traits
» de bravoure que sans doute votre
» Fidély va faire briller ; car je
» veux qu'il combatte à mes côtés,
» et, suivant la manière dont il se
» distinguera, il est possible que
» je l'en récompense... à la satis-
» faction de tout le monde... Je ne
» m'explique pas là dessus.... cela
» dépendra d'une circonstance !...
» Dans tous les cas, soyez assu-
» rée, marquise, que je ne veux
» que votre bonheur, celui de votre
» Inésia et de son Fidély. Vous
» pouvez donc, en toute confiance,

suivre

» suivre les deux gentils-hommes
» que je vous envoie, et nous nous
» retrouverons tous à Milan, où je
» vous donne ma parole que vous
» n'aurez rien à redouter du per-
» fide Léonardo. »

Il Sosio.

Plus bas est écrit, de la main de Fidély :

« O la plus tendre des mères !
» je ne sais ce que mon protecteur
» veut dire ou faire, car je le con-
» nais encore moins que jamais ;
» mais, si c'est pour notre bonheur
» à tous qu'il vous mande à Milan,
» ainsi qu'il vous l'écrit ci-dessus,
» ne perdez pas une minute. Par-
» tez ; amenez-moi ma divine, ma
» toute bien-aimée Inèsia, et que
» le ciel puisse hâter le moment
» tant désiré de notre douce réu-

» nion ! Amenez-moi aussi Miche-
» line, cette bonne fille qui m'a
» élevé. Que tout ce que j'ai-
» me se réunisse autour de moi !
» Que dis-je, se réunisse ! sera-ce
» pour long-temps, ô mon Dieu !
» Mon protecteur a le projet appa-
» remment de s'engager dans l'ar-
» mée milanaise, et de me faire
» prendre aussi le métier des ar-
» mes. Déjà le prince Eugène s'a-
» vance avec des forces considéra-
» bles ; il veut reprendre l'Italie
» sur le roi Philippe, et la rendre
» à l'empereur Léopold. Philippe,
» de son côté, lève des troupes,
» fait un appel à tous les Italiens.
» La ville de Milan va s'armer
» toute entière, et c'est dans ce
» foyer de l'incendie, qui menace
» de tout consumer, qu'on vous
» appelle, qu'on veut vous éta-

» blir ! Jugez de mes terreurs et de
» ma soumission ! car je vous en-
» gage à obéir, comme j'obéis moi-
» même, aux lois d'un protecteur...
» peu commun sans doute, et qui
» ne peut vouloir que ma félicité.
» Venez donc, ô ma bonne mère !
» Et toi, mon Inèsia, vole aussi,
» le plus promptement possible,
» dans les bras de ton ami, amant
» et futur époux ! »

TIDÉLY.

O madame, s'écrie Inèsia, par-tons ! — Un instant, chère petite, répond la marquise. Ces messieurs sont fatigués. Nous devons leur offrir à se reposer quelques jours dans ce château ; ils ont fait une assez longue route. — Mesdames, dit le comte de Sessi, cette journée nous suffira ; demain, nous serons à vos ordres ; nous ne voulons pas retarder plus long-temps le plaisir que vous vous promettez à revoir votre fils et notre ami commun. — Notre ami commun, monsieur ! Parlons avec plus de respect d'un homme tel que *Il Sosio* ! Vous devez savoir comme moi ce qu'il est ? — Oh ! nous le savons, même mieux que vous, madame. — C'est possible, puisqu'il vous honore de sa confiance. On ne le connaîtrait pas, qu'on le devinerait dans sa lettre, dont toutes les expressions sont ménagées avec un art infini; mais l'entente est au lecteur. On voit qu'il ne blesse jamais la vérité, quoiqu'il la dissimule avec beaucoup d'adresse. Je la comprends bien, moi. Par exemple, *il faut qu'il prenne les armes et qu'il ne les dépose que lorsqu'il aura vaincu ses ennemis!* Il n'y a qu'un potentat qui puisse s'exprimer ainsi. — Que parlez-vous, madame, de potentat ? — Je parle du grand homme qui vous envoie vers nous, d'*Il Sosio*. Ne venez-vous pas de dire que vous saviez mieux que moi quel était *Il Sosio ?*

Les deux frères se regardent d'un air étonné, et le plus jeune dit à la marquise : Eh quoi, Gérard porte le nom terrible d'*Il Sosio !* — Feignez donc de l'ignorer ? n'est-ce pas ainsi qu'il signe sa lettre ? Tenez, voyez plutôt ?

Les deux frères paraissent encore plus surpris. Très-certainement, réplique le colonel, nous n'étions pas au fait de cette circonstance. — Vous le connaissez, dites-vous, depuis son enfance ? Vous étiez donc en France quand il est né ? — Selon vous, madame, il est donc né en France ? —Comment ! est-ce qu'il n'y a pas eu assez de réjouissances publiques à la naissance du petit-fils de notre grand roi Louis XIV ! — Ah je vois, je comprends....

Les deux frères se regardent encore et semblent réprimer un grand éclat de rire. Ils se remettent cependant, et l'aîné répond à la marquise, d'un air très-grave : Nous ne pensions pas que madame connût Gérald sous ce rapport. — Oh, il n'est point question de Gérald ici. Vous voyez que je sais tout ; mais cependant si vous me trouvez indiscrette de parler de cette manière d'un si grand personnage, je me tairai, messieurs; je me tairai et je me contenterai d'obéir aveuglément à ses ordres ; c'est vous dire assez quelle confiance j'ai en vous, messieurs, qu'il a daigné charger de ses volontés. Ce sera Gérald, ce sera ce qu'il vous plaira, mon devoir est de respecter l'anonyme dont vous voulez le voiler à nos regards. Vous me voyez cependant au comble de la joie, de voir l'intérêt qu'il veut bien témoigner à mon fils comme à nous. Heureux Fidély ! heureuse Inèsia ! et combien je suis flattée d'être mère !

Inèsia est comme la marquise dans des transports d'ivresse ; elle va revoir son Fidély ; on lui promet le bonheur par la suite, est-il un avenir plus séduisant !

On sert le dîner ; les deux Milanais s'y conduisent avec décence, mais en même temps avec une sorte de froideur qui surprend Inèsia. Toutes leurs attentions cependant se portent sur cette jeune personne, et ils en prodiguent beaucoup moins à sa mère adoptive. Cela chagrine Inèsia et la force à réparer souvent quelques omissions peu honnêtes dont ces messieurs se rendent coupables envers la marquise. Pour madame d'Arloy, elle n'y prend pas garde; elle n'est ni étonnée, ni jalouse de ce qu'on fait plus de politesses à sa jeune amie. Elle trouve tout naturel que la galanterie porte deux hommes bien élevés à distinguer une jeune et jolie personne plutôt qu'une maman; mais la délicatesse d'Inèsia en souffre intérieurement.

Micheline est bien contente d'avoir reçu des nouvelles de Gérald et de Fidély; mais elle n'approuve pas le voyage qu'on exige de sa maîtresse et d'elle. Micheline, qui connaît ou croit connaître Gérald, n'en voit pas la nécessité. Elle ne comprend pas qu'il écrive avec ce ton d'autorité, comme si en effet il était un grand personnage, et trouve très-étonnant qu'il se permette de donner *des ordres*. C'est le mot dont il se sert au commencement de sa lettre qu'on a lue. Micheline, on le sait, ne partage pas la crédulité de la marquise sur l'importance de l'homme qui se cache sous le nom d'*Il Sosio*, et ne voit aucuns avantages dans ce voyage d'Italie, qu'il a *ordonné*. Elle n'en fait pas moins les préparatifs avec ses deux maîtresses, et la femme de chambre Julie, à qui on confie une seconde fois, ainsi qu'au concierge, et aux autres domestiques, la garde du château, pendant une absence dont on ne peut deviner la durée.

Tout se trouvant prêt, le second jour de l'arrivée des deux Milanais, la marquise, Inèsia et Micheline montent dans leur voiture, que conduit le cocher de madame, et le comte, ainsi que le colonel de Sessi, se placent à cheval aux deux portières. Cette petite caravane part. Laissons-la voyager ; nous la rejoindrons bientôt.

CHAPITRE XIII.

Explication ; franchise et confiance.

Le duc d'Est, ce vénérable gouverneur de Ferrare, ayant introduit Gérald et Fidély dans son second cabinet, dont il venait de fermer la porte, pour ainsi dire, sur le nez du méchant Léonardo, les fit asseoir; puis adressant les choses les plus flatteuses à Gérald, il lui demanda quel était le jeune et intéressant pélerin qui l'accompagnait. C'est, lui répondit Gérald, un jeune marquis français, le fils d'une veuve des plus estimables ; on l'appelle monsieur le marquis d'Arloy. Il a bien voulu s'attacher à moi, et ne me connaît que sous le nom de Gérald, qui est bien le mien sans doute ; mais qui cache une foule de malheurs que je n'ai pas encore jugé à propos de lui raconter. Il ne sait, M. le duc, aucun des secrets que je viens de vous confier. C'est vous dire assez.... — Que vous comptiez sur ma discrétion ; je vous donne ma parole que, jusqu'à ce que vous ayez surmonté le peu d'obstacles qui vous arrêtent encore, ce ne sera pas moi qui abuserai de votre confiance. Ce jeune homme est bien estimable de s'être attaché au sort d'un infortuné aussi cruellement persécuté ! mais il en sera bien récompensé : par la suite, votre appui, votre protection.... — Silence, M. le duc ; en grâce ? sa conduite est jusqu'à présent désintéressée, ne blessons pas sa délicatesse, en lui donnant un but d'intérêt qui le gênerait dans les preuves qu'il me prodigue sans cesse de son attachement. — Je vous approuve. Vous vous retirez, bon pélerin ? — J'ai déjà trop abusé de vos momens.—Voulez-vous que je vous donne ma voiture pour vous éviter les insultes que pourrait vous faire ce Léonardo ? — Je ne crains rien de sa part, M. le duc, et je vous remercie d'une offre trop obligeante, que je refuse, comme étant incompatible avec l'état et les habits que vous nous voyez. — Adieu donc, mon cher Gérald. Je vais écrire sur-le-champ à l'obstiné vieillard que vous connaissez, et je ne doute pas que ce que je lui dirai de vous ne serve encore votre cause ; car je vous défendrai avec toute la chaleur du zèle et de l'amitié, comme l'a déjà fait le digne archevêque d'Auch, sans parler d'un autre personnage encore plus puissant que lui.

Gérald met son doigt sur sa bouche, et le gouverneur s'arrête de peur d'en trop dire. Il reconduit les pélerins jusqu'au pied de son grand escalier, et Gérald quitte l'hôtel avec son fils, plus étonné que jamais de tout ce qu'il vient de voir et d'entendre.

Sa tête est obsédée par une trop grande foule d'idées pour qu'il puisse parler. Il se laisse conduire par son père, qui le ramène jusqu'à leur logement, sans que le pauvre Fidély ait pu prononcer un mot.

Quand ils sont renfermés ensemble, Gérald le regarde en souriant un peu, et lui dit : C'est pour le coup, mon Fidély, que je dois te paraître, pour le moins, un hâbleur des plus effrontés. — Pourquoi, monsieur ? vous avez eu sans doute de bonnes raisons pour vous conduire ainsi, puisque vous avez réussi. — J'ai réussi ; en quoi ? — Eh mais, à faire accroire à ce vieux gouverneur tout ce que vous avez voulu. — Tout ce qui est vrai.—Oh, permettez-moi de ne plus entamer de discussion du genre de celles que nous avons eues déjà ensemble, et qui n'ont servi qu'à redoubler l'obscurité dont vous aimez à vous envelopper? Vous êtes *Il Sosio;* vous êtes mon père ; ou bien je suis le fils du marquis d'Arloy ; c'est tout comme il vous plaira. — Que signifie cette dernière phrase ? Tu n'es plus mon fils, à présent ? — Je vois avec peine que vous ne voulez en convenir avec personne. Mon père, s'il l'est, rougit de moi, et n'ose pas m'avouer, même à ce respectable duc d'Est ! — Mon fils ; je suis, oui, je suis ton père !.... Mais il faut que cela reste encore secret.—Mais, monsieur, puisque vous êtes *Il Sosio*, un homme tout puissant, un monarque apparemment, dont *l'appui* et la *protection* doivent par la suite me bien récompenser de mon attachement!...— Fidély emploie maintenant le dépit, l'ironie en parlant à son père. Il lui manque, il se manque à lui-même à ce point ! Et pourquoi fait-il succéder l'impatience, la colère même à la soumission, à la tendresse, qu'il avait d'abord témoignées à ce malheureux père ? Qui le force d'ailleurs de continuer de s'attacher au sort d'un homme aussi bizarre, qui l'abreuve de chagrins, d'inquiétudes, et qui est tout mystère pour lui! Fidély n'est-il pas le maître de retourner au château d'Arloy, d'y reparaître comme le fils de la marquise, comme l'amant, l'époux d'Inèsia ? N'ai-je pas su garder le secret de sa naissance, de manière que la marquise le croie encore, et toujours, son fils, son cher fils ?

fils ? Ai-je forcé Fidély à me suivre ? est-ce malgré lui qu'il est en ce moment à mes côtés ? ne lui ai-je pas laissé le droit de rompre cette chaîne quand il la trouverait trop pesante ? S'il n'ose plus me demander compte de mes actions, il emploie le persifflage pour les tourner en ridicule. Cela est-il décent ? Je vous le demande, Fidély ? osez me répondre ?

Fidély garde le silence. Il pense à sa malheureuse mère, qu'on dit avoir été immolée par Gérald à la fontaine Sainte-Catherine, et il ne veut pas répondre dans la crainte de s'emporter.

Gérald attribue cette retenue à son repentir, à sa soumission. Il lui prend la main et lui dit avec l'accent de la tendresse : Je conviens, mon Fidély, que tout ce qui se passe devant tes yeux doit te paraître bien extraordinaire. Tu ne sais qui je fus, ce que je suis, ce que je veux être? Mon nom même, tu n'en connais que la moitié ; l'autre te sera dévoilée un jour, et quand tu la connaîtras, tu sauras tout. Il est donc nécessaire que je te la cache encore, puisque j'ai encore besoin du secret. La manière dont j'affirme que je suis *Il Sosio* te paraît le comble de l'audace. Tu seras bien étonné quand tu sauras que je ne mens pas sur ce point, plus que sur les autres. Je l'ai prouvé d'ailleurs au gouverneur; qu'as-tu à me répondre à cela? Si je menace Léonardo, son complice Salavas, j'en ai le droit maintenant, et tu le verras. En un mot, mon cher fils, je ne fais, je ne dis rien, qui ne soit à dire ou à faire, et que n'autorise ma situation actuelle. Elle est bien changée; elle changera encore, je l'espère, et si je remplis bien certaine condition qui m'est imposée, je triomphe et je te rends le plus heureux des hommes !... Alors, quand je te raconterai les moindres particularités de mon histoire, que diras-tu ? quand tu verras que je ne me suis jamais écarté de la vérité, de l'honneur et de la vertu.... c'est-à-dire depuis le moment où l'amour me rendit coupable d'un crime !... que j'ai bien expié depuis, et duquel vingt années de proscription, d'indigence et d'humilité volontaires, m'ont mérité l'absolution. C'est pour expier ce crime que je me suis fait tour à tour aveugle, mendiant, hermite, et même pélerin. Je demandais ma vie, et cependant j'avais assez de fortune pour vivre sans ce moyen. Ce que je recevais d'une main, je l'ajoutais, de l'autre, aux dons que je voulais faire à l'indigence, au malheur. C'est ainsi que mon petit Bénédy, ou Georges, ou une bonne femme qui m'était dévouée secouraient de ma part, et sous le voile de l'anonyme, tous les indigens qui environnaient la fontaine Sainte-Catherine. Tel curé recevait pour ses pauvres ; il arrivait des secours à un malheureux blessé ; une veuve, chargée de famille, croyait qu'il lui tombait de l'or du ciel, et c'était moi qui obligeais tous ces gens là ! La maison même, où logeait Vernex, est à moi. Tous les jours, ce bon Vernex t'enfermait dans ta chambre, pour que je fusse libre d'ôter le bandeau noir, qui me couvrait les yeux, et de causer avec ce fidèle ami. Dans l'hermitage, où nous sommes restés quelques mois, j'ai eu le bonheur encore de secourir les habitans des villages voisins ; tu m'as vu prodiguer l'or en plusieurs occasions, notamment dans l'auberge de la *Locanda Reale*, où j'avais intérêt à faire croire à l'hôte que j'étais *Il Sosio*, comme je le suis en effet.

Fidély fait un geste d'impatience, auquel Gérald paraît ne pas faire attention. Il continue : Tu vas me demander à présent comment, dès les premiers jours de notre réunion, j'ai feint à tes yeux de ne rien posséder, au point que je t'ai laissé faire un tableau, dont le produit fut censé être destiné à subvenir à ma subsistance ? Ne pouvant pas alors plus qu'à présent, mon cher fils, te dire qui je suis, je voulus éprouver ton cœur, et voir si tu serais capable de t'attacher au sort d'un père tombé dans cet excès de honte et de misère. Tu le fis ; j'en fus charmé ; mais, mon ami, je n'étais pas sans ressources; Vernex feignit d'avoir vendu ton tableau, ou de t'en avancer les fonds; ton tableau est resté dans la maison qu'il habitait, où tu l'as fait; le sujet, l'artiste, tout m'en était trop cher pour m'en priver?..... Voilà donc que tu sais que ton père jouit d'une honnête aisance. C'est quelque chose; mais cela ne te rassure pas encore. Tu veux percer le voile qui me couvre, et, parce que tu ne le peux pas, tu m'accuses de mensonge, d'audace; tu me juges comme un imposteur, tu crois que cela peut être?.... Tu frémis! aurais-je perdu ton estime, Fidély? Si cela était, il faudrait nous séparer; j'aurais en toi un juge trop sévère, et tu ne pourrais aimer un père mésestimable. Tu ne me réponds pas, Fidély? je vois que je n'ai que trop bien deviné.

Fidély pense plus à sa mère qu'à toutes les autres circonstances des aventures de Gérald. Il s'écrie : Mon père, m'avez-vous toujours dit la vérité? — Toujours. Je n'ai pas tout dit; mais ce que j'ai dit est exactement vrai. — Exactement vrai? — J'en atteste Dieu qui m'entend. — Cependant.... — Achève? tu t'arrêtes! — Non, non, je n'ai rien à dire. Peut-être, lorsque vous me raconterez votre histoire en entier, peut-être, dis-je.... — Tu t'arrêtes encore? Quelqu'un m'aurait-il calomnié près de toi? je ne le crois pas... Ce Léonardo cependant, ce Salavas! ils sont bien méchans, capables de tout. — Oh, ces gens-là ne m'ont rien dit. — Ces gens-là? D'autres t'ont donc parlé? — Non.... rien.... ce n'est rien, mon père. — Tu me caches quelque chose; je veux que tu me le confies.

— Mon père, vous avez bien vos secrets!—Tu crois que je te permettrai d'avoir les tiens? non, Fidély; il n'en sera pas ainsi; les miens tendent à ton bonheur; les tiens à notre désunion, je le vois, je m'en doute. Tu me lances des regards! tu lèves les yeux au ciel! A ton âge, avec ta candeur, toutes les vertus de ton cœur, on dissimule mal, mon cher fils; tu as quelque chose contre moi, et tu me le diras?— Vous espérez...
— J'en suis sûr. Si j'étais à ta place et toi à la mienne, je me dirais: Si je cache à mon père les calomnies qu'on m'a débitées, j'aurai l'air d'y croire, et ce serait l'offenser que de garder de pareils soupçons. Mon père est juste; mon père m'affirme, jure devant Dieu, qu'il m'a toujours dit l'exacte vérité. Il m'ordonne de parler, je parlerai; je lui donnerai par-
là

là une preuve de mon estime, de ma confiance et de toute ma tendresse.

Fidély réfléchit; Gérald continue : Voilà ce que tu dois te dire, mon Fidély. Si cependant ton amitié n'est pas assez forte, si ta confiance a des bornes, des restrictions, si tu ajoutes foi aux rapports de mes ennemis..— Inèsia, mon père, n'est pas votre ennemie. — Inèsia! elle serait pour quelque chose dans la manière dont tu me boudes depuis ce matin?.....— C'est que depuis ce matin, Inèsia m'a appris une chose!..... Pardon, mon père; veuillez lire dans sa lettre ce que je n'oserais jamais vous répéter de vive voix, et daignez vous justifier si vous le pouvez.—Me justifier! cela est donc bien sérieux ? Voyons.

Gérald prend la lettre d'Inèsia, que lui tend son fils, et il la lit bas.

Fidély frémit en le voyant pâlir

et presque chanceler de faiblesse.

Gérald, après avoir lu, s'asseoit, rend la lettre à son fils et garde le silence. Mais il paraît bien douloureusement affecté.

Fidély se tait aussi, et se repent de lui avoir porté ce coup violent ; car il ne doute pas qu'il soit coupable. Après un moment de réflexion, Gérald prend la parole en ces termes : Ainsi, mon fils s'imagine que je suis l'assassin de sa mère, de sa mère, que j'adorais! — Mon père !.... je ne puis le penser. — Vous l'avez cru cependant? — Mon père, ce récit, fait, dit-on, par un témoin oculaire.... — Un témoin !.... Je n'ai vu personne, pourtant !... Un témoin, quel comble d'horreur ! Moi, ma divine Paola ! j'aurais été ton bourreau !... Tes cris, qu'on a mal entendus, mal interprétés.... Je les entends encore ; ils frappent mon oreille ; ils brisent mon cœur ! O mon Dieu ! peut-on m'accuser d'un crime aussi atroce ! — Mon père !... j'étais sûr de votre innocence ! — Pas très-sûr, mon fils, à ce qu'il me paraît... Figurez-vous que je suis dans l'état affreux où vous tomberiez si l'on vous disait que vous avez égorgé votre chère Inèsia !.... Je conçois que la nuit... l'heure... la manière mystérieuse dont je l'ai enfermée moi-même dans ce caveau, qu'on a visité depuis, apparemment.... Mais, mon Dieu ? vous m'en êtes témoin ; pouvais-je faire autrement ?....

Il verse un torrent de larmes, que Fidély s'efforce d'essuyer. Gérald le presse dans ses bras, sur son cœur, et, se calmant un peu, il lui dit : Fils plein de sentimens et d'honneur ! la nature t'a parlé ; elle t'a bien assuré que Paola fut ta mère, puisque

25.

l'idée seule que je l'eusse assassinée t'inspirait déjà une juste horreur contre moi. Tu la regrettes donc, sans l'avoir connue ! ô voix précieuse du sang ! que ceux qui vous nient ne peuvent-ils être témoins des sensations de ce jeune homme! Eh, pourrait-il douter maintenant qu'il fût le fils de Paola!.... Mais rassure-toi, mon cher fils ; ton père ne s'est point souillé de ce crime abominable ; des circonstances particulières ont pu faire croire à ce témoin, invisible alors pour moi, que Paola tombait sous les coups d'un époux barbare ; et je remets le détail de ces circonstances au récit général que je te ferai bientôt des funestes aventures qui ont traversé ma vie. Ce récit exigerait aujourd'hui trop de développemens, auxquels il ne m'est pas permis de me livrer. Rends ton estime à ton père. Il te jure qu'il fut innocent! — Oh! que j'avais besoin de cette explication! comme elle soulage mon ame, abîmée sous le poids d'un soupçon que tout autre aurait eu à ma place! — J'en conviens, et je ne puis t'en blâmer; il prouve ta tendresse pour ta mère, et ton désir ardent d'appartenir à un père vertueux. Je le suis, mon Paoli (j'aime à te donner ce nom), et je te le prouverai plus encore par la suite. Vois-tu que tu as bien fait de parler. J'en étais sûr; j'attendais de toi cette marque de confiance. Eh, pourquoi voit-on, dans le monde, tant d'ennemis irréconciliables : c'est qu'on ne s'entend pas; c'est qu'on ne s'explique pas, et qu'un seul mot d'éclaircissement éviterait bien des soupçons, bien des haines inextinguibles! Continue, mon Fidély; confie à ton père les moindres remarques, tes plus légères observations, et s'il lui est permis de lever tes doutes, il s'empressera de le faire. — O mon père !

Le père et le fils s'embrassent avec les plus tendres effusions. Gérald reprend : Je t'ai déjà appris tout ce que je pouvais t'apprendre. Par la médiation du vénérable Ayrard, par celle d'un autre personnage plus puissant encore que lui, je suis déjà parvenu à calmer, en grande partie, la colère d'un vieillard redoutable, irrité justement contre moi. Je ne redoute plus Léonardo, encore moins Salavas et tous les Le Roc possibles. Le sort même de Léonardo peut être remis bientôt entre mes mains. Cela dépend de moi, de toi aussi, mon Fidély, et, si je ne te dis pas ce qu'il faudra que tu fasses pour cela, c'est que je suis persuadé que tu le feras mieux que si tu savais l'intention dans laquelle tu agirais. Imite, seconde ton père, voilà tout ce que j'exige de toi. Ceci te paraît encore un mystère. La nécessité le veut, et tu me remercieras d'avoir usé envers toi de cette prudence, de cette extrême discrétion.... Tu me regardes ? je vois que tu as encore une question à me faire. Parle ? — Mon père... vous m'avez dit, et je le crois, que vous n'aviez jamais trahi la vérité.... Cependant, il y a quelques jours, en me prouvant très-clairement que vous n'êtes pas le roi Philippe, vous avez ajouté que vous désiriez passer pour lui en prenant son nom d'*Il Sosio*; et aujourd'hui, vous assurez à Léonardo, au duc d'Est, à moi, que vous êtes *Il Sosio* lui-même ? vous l'affirmez ?—Sans doute, je l'affirme. Sans être le roi Philippe, je puis bien être *Il Sosio*. — Je vous répéterai ce que je vous ai déjà dit cent fois : si ce grand roi sait que vous abusez ainsi d'un nom que, seul, il a voulu porter ? — Je... je ne le crains pas. — Vous ne redoutez pas sa colère ? — Pas plus que la tienne. — Mais, à moins que d'être son égal, ou au dessus de lui... — Qui sait ? — Ah, voilà mon père qui s'amuse encore à mes dépens. Il veut peut-être me faire repentir d'une question indiscrette. — C'est vrai, mon ami. Ceci rentre encore dans les détails que je te réserve pour un moment plus favorable. Si je te disais comment je me permets de prendre un nom si vénéré, il me faudrait soulever un coin du voile qui me couvre, et dont il est nécessaire que je m'enveloppe encore pendant quelque temps. Je t'ai déjà dit cent fois que je ne fais rien que je ne doive et puisse faire; ainsi ne t'effraie donc jamais ? Seconde-moi, au contraire, quand je t'en prierai, et affirme, comme moi, à tout le monde que je suis bien le véritable *Il Sosio* , nom qui nous a été déjà utile bien des fois, comme tu l'as vu, mais que je ne garderai pas encore long-temps. Dès-lors toutes tes craintes, si tu en éprouves encore, cesseront, je l'espère?

Fidély était habitué à céder aveuglément à toutes les volontés de son père. Il l'embrassa de nouveau, et tous deux projetèrent de quitter Ferrare sur-le-champ, dans l'intention de se rendre plutôt à Milan, ville dans laquelle Gérald prétendait que ses malheurs finiraient, et où devaient se rendre la marquise d'Arloy avec la belle Inèsia.

En conséquence, ils partirent à

l'heure même, et, à cinq milles de Ferrare, ils passèrent, dans un bateau, le Pô qui est très-large en cet endroit ; puis, à neuf milles du Pô, à Passo-Rosetti, ils passèrent aussi en bateau le canal Bianco, et à trois milles de Rovigo, ils se trouvèrent dans le joli pays de l'Adige. Le lendemain, ils traversèrent Monselice, et se trouvèrent, le soir, à Padoue, où ils allèrent coucher à l'auberge de l'Aigle d'Or.

CHAPITRE XIV.

Accident en voyage.

IL n'arriva rien d'extraordinaire à la marquise d'Arloy, non plus qu'à son Inèsia, pendant les premiers jours de leur voyage. Leurs conducteurs, le comte et le colonel de Sessi, étaient aux petits soins auprès de ces dames, tant en route que dans les auberges où l'on était forcé de s'arrêter. Les deux frères ne parlaient de Gérald qu'avec la plus parfaite estime; ils paraissaient lui avoir voué un véritable attachement; mais ils ne parlaient que de lui; jamais on n'entendait sortir de leur bouche le nom de Fidély qui était si doux à l'oreille d'Inèsia. Elle en fit la remarque qu'elle communiqua à la marquise : Ma mère, lui dit-elle, est-ce que Fidély ne se trouvera pas au rendez-vous que nous assigne son protecteur dans l'hôtel de M. le comte, à Milan ? — Pourquoi cette question ? Fidély n'accompagne-t-il pas, dans toutes ses démarches, le grand *Il Sosio* ? Il t'a écrit, et *Il Sosio* t'a de même affirmé que nous les reverrions tous deux. — Cela est vrai. Cependant ces deux messieurs ne nous en parlent jamais. Quand je me suis permis de prononcer le nom de l'ami de mon cœur, aucun d'eux n'a répondu ; ils ont paru n'y pas faire attention ; le vieux comte m'a semblé même faire un geste de dépit et d'humeur ; ils ne citent qu'*Il Sosio*, qu'ils s'obstinent à nommer Gérald, et, quel que soit l'excès de leurs honnêtetés envers moi, ils ne me donnent jamais la douce satisfaction de me parler de mon amant. — C'est que, vois-tu, Inèsia, ils ne sont occupés que de leur maître. Veux-tu que des gens graves, des militaires, des courtisans tels que ces messieurs, s'amusent à parler d'amourettes à une jeune fille? Ils sont pénétrés des devoirs que leur impose l'illustre personnage qui les honore de sa confiance. S'ils savaient te faire un très-grand plaisir, en te parlant de Fidély, je suis sûre qu'ils mettraient souvent la conversation sur son chapitre; mais c'est qu'ils n'y pensent pas. — Je ne sais; ces gens là me sont suspects. — Allons donc, des envoyés d'*Il Sosio!*

Ils me sont aussi suspects à moi, interrompt Micheline, qui est présente à cette conversation. Leur gravité, leur politesse, leurs complimens, tout est composé, froid et faux chez eux. Ils chuchotent souvent bas ensemble ; ils se regardent, ou nous examinent toutes les trois, à chaque mot que nous disons, et cela d'un air qui m'a quelquefois terrifiée. Pour mademoiselle, oh ! ils sont aux petits soins ; mais ils n'ont pas les mêmes égards pour madame. Non, ma chère maîtresse, j'ai remarqué cela; ils vous répondent à peine quand vous leur faites des questions ; aucun d'eux ne vous offre son bras quand vous descendez de voiture, ou quand vous y montez ; c'est notre bon cocher Jacques et moi qui seuls avons ce soin. Si vous dites quelque chose qui leur paraisse ridicule, ils ricanent d'un air de mépris, ou se lancent des coups-d'œil, ou haussent les épaules. Quant à moi, oh ! je suis pis qu'une domestique à leurs yeux ; ils m'ordonnent, me commandent avec une dureté dont ma maîtresse n'a jamais usé envers moi. Ils me font taire impérieusement, si je hasarde un mot; ils me rabaissent enfin au dessous de ma condition. Tenez, ces hommes-là ne sont pas francs.

La marquise, étonnée, répond : Tu me rappelles en effet plusieurs petites remarques que j'ai faites et qui m'ont déjà blessée. Pourtant, ils ont la confiance d'*Il Sosio*. Ce grand homme nous les aurait-il envoyés, s'il ne les estimait pas? nous aurait-il ordonné de les suivre? Fidély lui-même aurait-il écrit? Il faut que ces deux Milanais soient très-bien connus de mon fils et de son protecteur, pour qu'ils lui aient confié une mission aussi délicate.

Il est certain, répond Inèsia, que nous ne connaissons ni les routes, ni les villes par lesquelles on nous fait passer, et que nous ne suivons aveuglément ces étrangers, que parce qu'ils nous sont envoyés par nos amis. Sans doute, Gérald et Fidély les connaissent parfaitement, et cela doit nous rassurer... Mais, au surplus, je leur ménage une épreuve demain, dans la première auberge où nous nous arrêterons pour dîner. Secondez-moi bien, ma bonne mère, et toi aussi, Micheline ; car, l'une et l'autre, vous pourriez m'interrompre, n'étant pas prévenues de mon projet.—Que veux-tu faire, ma fille ? — Vous le saurez, ma bonne mère, et je crois que nous verrons clairement si ces messieurs sont les sincères amis de notre cher Fidély.

Le lendemain, en effet, quelques momens après qu'on se fût mis à table, où Micheline et Jacques servaient,

vaient, Inésia demanda aux Milanais combien de jours on devait être encore en route. Deux seulement, mademoiselle, répondit le colonel. Après-demain nous arriverons à Milan. — Je reverrai donc Fidély! O ma mère! faut-il que cet heureux espoir soit troublé par un chagrin que j'éprouve relativement au seigneur Léonardo. — Au seigneur Léonardo, reprend le colonel, avec une espèce d'intérêt?

La vivacité de cette question n'échappa pas à nos dames. Inésia répond : Faut-il que ce jeune seigneur se soit pris pour moi d'une fatale passion, à laquelle je ne pourrai jamais répondre ! C'est à l'excès de cette passion que j'attribue, et que je lui pardonne de bien bon cœur, la violence dont il a usé envers moi. Au reste, ce jeune homme est bien intéressant ! Chez lui, tous les dons physiques se réunissent pour plaire ; et, si je n'avais pas connu Fidély, peut-être eût-il trouvé le moyen de toucher mon cœur. Mais je suis à mon Fidély pour la vie.

Les deux frères se regardent d'un air surpris, et l'aîné dit au colonel : Ne le connais-tu pas, toi, le seigneur Léonardo ? — Qui ne le connaît pas ? Son oncle occupe un poste assez éminent ! C'est bien le jeune seigneur le plus accompli ! S'il avait voulu se marier, celui-là ! Il a refusé vingt femmes, et toutes aussi jolies que riches et titrées. On avait bien dit qu'il nourrissait dans son cœur une passion malheureuse. Je ne m'étonne pas, en voyant mademoiselle, que ce soit pour elle qu'il brûle à cet excès. — Vous l'ignoriez, messieurs, reprend Inèsia ? — En voilà la première nouvelle.

Inésia se dit intérieurement : ou ils feignent, ou ils ne sont pas les amis de Gérald et de Fidély ; car ils sauraient cette particularité. Poussons-les dans leurs derniers retranchemens.

Elle poursuit tout haut : Fidély ne vous en a donc jamais parlé ? — Nous connaissons peu le jeune homme à qui vous donnez ce nom. C'est sans doute le particulier qui accompagne Gérald en pélerin et sous le nom de Frère Paoli ? — C'est lui-même (*elle réprime l'excès de sa surprise*). Vous connaissez beaucoup mieux *Il Sosio*, à ce qu'il paraît ? — Oh ! celui-là, c'est notre ami intime. Je vous ai dit, mademoiselle, que nous avions eu le bonheur de le retrouver à Ferrare; mais nous ne l'avons vu que quelques heures, attendu que, connaissant notre zèle et notre attachement pour sa personne, il nous a donné sur-le-champ la mission délicate que nous remplissons en ce moment; c'est ce qui fait que le Frère Paoli nous est tout à fait étranger. S'il avait eu la taille, les traits du seigneur Léonardo, nous l'aurions beaucoup mieux remarqué. — Vous savez sans doute que ce seigneur Léonardo, qui vous semble si intéressant, est l'ennemi mortel de votre *ami* Gérald? — Hélas! depuis long-temps nous gémissons de l'inimitié qui les divise. Nous l'avons vu naître, et, s'il nous était permis de vous en dire les motifs, vous verriez que Gérald a eu les premiers torts dans cette malheureuse affaire. Nous ne le lui avons pas caché; oh! nous sommes trop ses amis pour lui déguiser ce que nous pensons de lui.

La marquise, étonnée à son tour,

mais par un autre motif, s'écrie : Ah çà, mais, je ne comprends rien à ce nom de Gérald que vous donnez à *Il Sosio*, ni à ce mot d'*ami*, dont vous vous servez sans cesse en parlant de cet illustre monarque. — Eh, madame, réplique le colonel en souriant d'un air ironique, désabusez-vous donc sur votre prétendu monarque. Gérald n'est point Philippe V. Gérald a seulement fait l'imprudence de prendre le nom anonyme dont Sa Majesté Catholique s'est voilée il y a quelques années, imprudence qui peut lui coûter cher, nous le lui avons encore dit.

Il paraît, reprend Inèsia, en souriant à son tour de pitié, que vous ne lui épargnez pas des remontrances et des avis plus que sévères. Ah, vous faites bien ; c'est le droit, comme le devoir de l'amitié.

La marquise réplique : Etes-vous bien sûr de ce que vous me dites là, M. le colonel ? *Il Sosio* n'est point le roi Philippe ? Mais, si je ne me trompe, il me l'a dit, ou laissé entendre au moins. Et d'ailleurs, voyez ses lettres, la manière dont il écrit.

Micheline l'interrompt : Je vous ai toujours objecté, madame, que je ne croyais pas un mot de cette fable.

Les deux frères examinent la bonne Micheline, et la regardent d'un air à lui reprocher d'oser interrompre la conversation. Eh bien, repart Micheline, quand vous me ferez des yeux grands comme des portes-cochères, croyez-vous que vous m'empêcherez de parler ? J'ai toujours parlé avec ma maîtresse, et je parlerai malgré vous. Hom !

Le comte se retourne vers la marquise et lui dit : Auriez-vous en effet, madame, habitué cette femme de chambre à se mêler d'autre chose que de ses devoirs? — Monsieur, répond la marquise, elle n'est plus une domestique; j'en ai fait une amie.

Les deux frères se regardent comme s'ils se disaient: Voilà un beau choix!

Inésia remet la conversation sur un autre sujet. Inésia a fait ses observations; elle sait à quoi s'en tenir et se propose d'en faire part à sa mère adoptive, quand elles seront renfermées le soir, et avant de se livrer au sommeil. Mais un incident nouveau, un malheur inattendu, devait ajouter aux inquiétudes de cette jeune personne.

On était remonté en voiture, après le dîner, et les deux cavaliers en gardaient fidèlement chacun une portière. La voiture roule donc, et se trouvant vers le soir dans un joli hameau, Jacques, le cocher, arrête, croyant qu'on va passer la nuit là. Vas toujours, lui crie le colonel, nous n'avons plus que deux lieues à faire pour arriver à une charmante petite ville nommée *Desinzano*, où nous trouverons plus de ressources pour le souper et le coucher.—Mais, monsieur, réplique Jacques, nous allons entrer dans un bois ténébreux, où je ne vois pas de grande route.—Il y en a une, imbécille, là, devant toi ; il est vrai qu'elle n'est pas large, mais elle est bien ferrée, droite et très-commode. Je la connais, te dis-je, prends-là, et, dans une heure et demie au plus, nous serons arrivés. —C'est que la nuit devient d'un noir... —As-tu peur? Vas-tu effrayer ces dames, et ne sommes-nous pas avec elles,

elles, armés, prêts à mourir pour elles, s'il le fallait? Vas donc.

Jacques (c'est bien là le cas de dire le *pauvre Jacques*) suit l'ordre qu'on lui donne. La marquise témoigne cependant qu'elle n'est pas très-rassurée. Il est certain, lui répond le comte, que quelquefois il se glisse des vagabonds dans cette forêt; mais on y a fait une battue, il y a un mois, et elle est sûre maintenant. Au surplus, mon frère et moi, nous allons nous mettre aux aguets. Attention, colonel; tu m'entends? — Je suis là, mon frère, répond l'autre.

Tout va bien néanmoins; on est déjà aux trois quarts de la forêt, et il n'est rien arrivé. Tout à coup le colonel s'écrie : Arrête, Jacques !

Jacques arrête.

Le colonel poursuit: Malgré l'obscurité, j'ai cru voir briller, à la lueur des étoiles, une arme à feu dans ce taillis, et je ne me trompe pas; j'entends marcher quelqu'un. Ne craignez rien, mesdames, ne craignez rien. Mon frère, je vais voir ce que c'est.

Il pique son cheval vers le taillis et disparaît... A l'instant, un coup de pistolet part et jette le malheureux Jacques en bas de son cheval.

Le colonel revient, s'écrie : Ah, mon Dieu ! ces dames ne sont-elles point blessées? (*il regarde dans la voiture*) Non ; elles ne sont qu'évanouies ; le coup n'a porté que sur leur pauvre cocher; viens, mon frère, poursuivons ces misérables.

Le comte et le colonel s'élancent dans la forêt, où on les entend menacer, s'écrier : Le voilà, l'assassin ! Cours par là, colonel ! Arrête, coquin !

La marquise et Inésia sont en effet privées de sentiment. Micheline n'a point perdu connaissance ; mais la frayeur a glacé sa langue, toutes ses facultés. A la fin, elle recouvre assez de forces pour secourir ses deux maîtresses, qui ne rouvrent les yeux que pour jeter des cris perçans.

Le comte et son frère reviennent furieux. Ils étaient une bande, disent-ils ; nous les avons dispersés ; c'était à qui se sauverait devant nous ; j'en ai pourtant blessé un à mort, j'en suis sûr ; il est là-bas gissant et servira à dénoncer les autres, demain matin, quand nous aurons fait notre déclaration. Cet infortuné Jacques ! il est mort ! Ah, mon Dieu, il ne donne aucun signe d'existence ! Quel malheur ! quel malheur affreux ! Et personne sur cette maudite route ! Il avait des pressentimens, ce pauvre homme ; c'est nous qui l'avons voulu ! Quelle imprudence ! Il faut pourtant nous hâter d'arriver, avant que ces coquins se rallient ! Mesdames, avez-vous sur vous des spiritueux ? Prenez-en, prenez-en beaucoup. Vous nous voyez au désespoir !

Les deux Milanais relèvent le cadavre du malheureux cocher, le placent en long derrière son siége. Le colonel monte sur ce siége vacant, confie son cheval à son frère qui le mène à la main près du sien, et la voiture va au pas jusqu'à la ville, où l'on fait entrer les dames, pâles et tremblantes, dans la meilleure auberge. La marquise sur-tout, très-attachée à ses gens, est inconsolable de la perte de son cocher. Elle se met au lit, et une fièvre brûlante écarte le sommeil de ses paupières. Inésia et Micheline, qui sont affligées autant qu'elle, lui prodiguent tous leurs soins, et il se passe huit jours sans qu'aucune des deux dames ait la force de se remettre en route. Pendant ce temps, le comte et le colonel ont fait, disent-ils, leur déclaration; la justice s'est rendue sur les lieux, et on a relevé, selon eux, deux blessés, qui sont maintenant dans les prisons de la ville. Nos dames croient à ce rapport, et n'en gémissent pas moins sur la mort prématurée du pauvre Jacques.

La marquise étant enfin en état de voyager, le comte entre chez elle, accompagné d'un homme d'une assez mauvaise mine, et lui dit d'un air affecté : Comme nous devons, madame, continuer notre route pour aller rejoindre votre fils et notre ami, il vous fallait un cocher ; je vous en ai trouvé un, et le hasard m'a servi à merveilles ; car celui que je vous présente a déjà été à mon service, et ne m'avait quitté que pour entreprendre un état qui ne lui a pas réussi; c'est vous dire assez que j'en réponds. Il se nomme Carli ; c'est le plus honnête serviteur que je connaisse. Allons, Carli, tu es à madame la marquise d'Arloy. Songe à justifier les éloges que je lui fais de toi.—Oh, oh! madame sera contente, répond Carli, avec un gros rire bête, dont l'affectation n'échappe pas à Micheline. — Cours vite à tes chevaux, attèle-les à la voiture, et partons.

La marquise et son Inèsia sont trop affectées de la mort de Jacques et de la peur affreuse qu'elles ont eue, pour se donner le temps d'examiner ce nouveau sujet ; elles croient devoir s'en rapporter au comte; mais Micheline, en sa qualité de domestique, est habituée à juger ses pareils; elle examine celui-ci et n'en augure rien de bon. Elle attendra néanmoins la première occasion où il manquera, pour communiquer ses soupçons à ses maîtresses.

La marquise, qui se promet bien de ne jamais voyager la nuit, monte en voiture avec Inésia et Micheline. Les deux Milanais reprennent leur poste à cheval à côté de chaque portière, et l'on se remet de nouveau en route.

CHAPITRE XV.

Autre accident qui n'aura pas les mêmes suites.

Quoique Gérald et Fidély voyageassent par fois en bateaux, ou en voitures, ils allaient plus souvent à pied, ce qui fatigua beaucoup Fidély, moins habitué à la fatigue que son père. Celui-ci eut l'attention de le laisser se reposer quelques jours à Vicence, et après, une semaine entière, à Vérone. Là ils retrouvèrent le jeune Georges Vernex, qui les avait quittés à Ferrare, et qui paraissait continuellement chargé d'ordres secrets pour Gérald. Gérald lui-même, laissant le soin de son cher malade à Georges, restait absent des journées entières, et quand Fidély se plaignait de cette espèce d'abandon, Gérald protestait qu'il allait visiter toutes les curiosités de la ville de Vérone, telles que la maison de ville, l'amphithéâtre, la porte Stupa, les palais Canossa, Vezzi, Bevilacqua, Pompei, Pellegrini, etc. Fidély présumait bien que son père, qui avait déjà voyagé, à ce qu'il disait, dans ces contrées, avait vu tous ces monumens. Il avait apparemment des affaires particulières qu'il ne voulait, pas plus que les autres, confier à son fils. Georges avec cela courait aussi de son côté, et avait très-fréquemment des entretiens particuliers avec Gérald, ce qui annonçait de nouveaux mystères, dont Fidély serait sans doute instruit quelque jour ; car l'habitude de la soumission diminuait de jour en jour sa curiosité, et il en était venu à aimer, à estimer son père, au point de lui vouer la plus entière confiance et la plus sricte docilité.

Quand il eut bien repris ses forces, Georges disparut encore une fois, et Gérald voulut se remettre en voyage, ce qu'ils effectuèrent, toujours sous leurs déguisemens de pélérins.

En sortant de Castel-Nuovo, Gérald dit à Fidély : Mon fils, permets que je m'arrête un moment dans cette église où je vois entrer beaucoup de fidèles. Le vœu de pénitence que j'ai fait à Dieu, pour obtenir de lui le pardon de mes fautes, osons dire de mes crimes, ce vœu, que j'observe depuis tant d'années, finit aujourd'hui même. Et Dieu, qui daigne m'en relever, exige que ce soit au pied de ses autels. Tandis que j'y prierai, tu t'humilieras encore, pour la dernière fois, en demandant l'aumône à la porte de ce saint temple. C'est le dernier sacrifice de ce genre que j'exige de toi ; ne me le refuse pas, et crois bien sûrement que le ciel te récompensera de cette marque de déférence aux désirs de ton père.

Gérald n'attend pas la réponse de Fidély ; il le laisse à la porte, et va s'agenouiller sur les marches du maître-autel, où bientôt le célébrant lui administre le sacrement d'Eucharistie. Pendant ce temps, Fidély examine avec surprise la quantité d'hommes de tous états qui remplit cette église gothique. On voit ordinairement, dans les temples du seigneur, beaucoup plus de femmes que d'hommes. Ici, c'est tout le contraire, et il en entre successivement une telle foule, qu'à peine peut-on y faire deux pas. Fidély, suivant l'ordre de son père, se place près de la porte, et s'écrie avec son accent accoutumé: « Priez Dieu pour l'heureux voyage de deux pauvres pélerins, qui vont à Saint-Jacques de Compostelle, et dont l'un est octogénaire, s'il vous plaît? »

A ces mots, tout le monde le regarde avec l'air du plus touchant intérêt; on voit même des larmes couler de quelques yeux, et Fidély ne peut deviner comment il produit aujourd'hui une pareille sensation sur des étrangers, ce qui ne lui était jamais arrivé. Il répéte sa prière; on l'entoure; on l'examine en silence; on fait, pour ainsi dire, cercle autour de lui, et plusieurs vieillards font le signe de la croix, comme s'ils voyaient un saint personnage. Fidély, importuné de se voir ainsi l'objet de la curiosité générale, cherche des yeux son père, dont la foule encombrée lui intercepte la vue. Il n'y peut plus tenir ; il va sortir de là.... Mais Gérald revient le joindre. A son aspect, les curieux se retirent, s'écoulent avec respect, et l'air retentit des bénédictions qu'ils adressent aux deux pélerins.

Quand Fidély se retrouve seul avec son père, sur la route de Desinzano, il lui demande s'il peut deviner la raison qui l'a fait examiner de si près par les nombreux fidèles de l'église qu'ils viennent de quitter. — Ta jeunesse, mon fils, lui répond Gérald, la douceur de ta voix, notre situation, tout a pu intéresser ces particuliers qui paraissent unir la piété à l'amour de l'humanité.—Personne cependant ne m'a donné de pièces de monnaie, comme cela est arrivé quelquefois, depuis que nous sommes pélerins. — Que veux-tu que je te dise, Fidély ! Livré tout entier au divin sacrement que je recevais, je n'ai pu savoir ce qui se passait à l'endroit où je t'avais laissé. Ces aumônes, que tu as quelquefois reçues, nous les ajoutions aux nôtres, tu le sais, pour secourir des infortunés. Désormais nous n'aurons plus besoin de l'aide de personne pour faire nos actes de bienfaisance. Je te le répète, le terme de mon vœu est arrivé; tu ne demanderas plus, et nous rentrerons bientôt dans un monde où nous n'aurons plus rien à redouter de la part de nos ennemis; car les miens sont aussi les tiens; s'ils savaient que tu fusses mon fils, ils te poursuivraient comme ils ont persécuté ton malheureux père. Ils rentreront bientôt dans la poussière, et j'espère qu'ils ne s'adresseront plus à nous d'aucune manière, dès que j'aurai déjoué leur dernière manœuvre. — Quelle manœuvre ? — Je m'entends... J'ose croire qu'ils n'auront point cette témérité ; mais enfin, s'ils l'ont, elle sera punie. Marchons toujours.

Ils entrèrent ensuite dans une route excessivement mauvaise, et Gérald avertit son fils qu'ils allaient avoir à faire, jusqu'à Brescia, l'espace de quelques milles dans un terrain aride, sablonneux et qui n'a jamais pu être établi en grande route, à cause de son inégalité. Ce terrain, coupé souvent par des ravins qu'il fallait franchir, était en outre bordé par des précipices, ou des vallons dont les côtes rapides exposaient les voyageurs à des chutes ; souvent aussi, des bouquets de bois épais semblaient pouvoir servir de repaire à des brigands, et le jour commençait à baisser, que nos deux pélerins étaient encore enfoncés dans ces terres et éloignés de toute habitation.

A peine pouvait-on distinguer encore les objets, lorsqu'ils virent arriver derrière eux deux hommes à cheval qu'ils reconnurent tout de suite pour être Léonardo et le baron de Salavas. Léonardo s'arrête et dit : N'est-ce pas là ce jeune présomptueux qui a osé m'insulter chez le gouverneur de Ferrare ? — C'est moi-même, répond Fidély, et si j'avais des armes ! — En voilà.

Léonardo lui jette une épée.

Défends-toi, Fidély, s'écrie Gérald sans paraître ému; défends-toi et ne crains rien.

Le baron de Salavas s'approche de Gérald et lui dit : Vous avez tout à craindre, au contraire; car je veux

avoir

avoir affaire à vous, et vous occuper pendant que mon ami va donner une pareille leçon à votre Fidély.

Le baron crie : A moi !

Tout à coup on voit monter, d'une berge, Le Roc à la tête d'une vingtaine d'assassins qui veulent entourer nos deux voyageurs; mais, au même instant, une foule énorme d'hommes armés semble sortir de la terre, de l'autre côté; ils se jettent sur le baron de Salavas et sur Léonardo, qu'ils saisissent. La petite troupe de ces derniers se sauve, les voyant pris.

Léonardo est furieux.

Qu'espère-tu faire de moi, misérable Gérald, s'écrie-t-il ! Si tu me traites comme je voulais te traiter, tu m'arracheras la vie ! car à ta place, je ne t'aurais pas fait grâce. — Je te la ferai cependant; ma main ne veut pas se souiller de ton vil sang. Je te laisserai vivre pour que tu attendes une punition plus forte, une mort moins honorable pour toi que celle que je pourrais te donner. Ton oncle se chargera du soin de ma vengeance, et il l'effectuera au-delà même de tous mes vœux : il abhorre les lâches et les assassins. — Tu me donnes tes propres épithètes ; mais apprends que je ne crains rien, que le malheur de t'avoir, malgré moi, l'obligation de la vie ! — Je ne veux pas te forcer à la reconnaissance ; ce sentiment, tous ceux de la nature et de l'honneur te sont inconnus. Je ne fais que différer ta punition. Amis, rendez la liberté à ces deux scélérats ; on saura les retrouver, quand on le voudra.

Le baron de Salavas, qui venait d'éprouver une peur épouvantable, se jette aux genoux de Gérald, et balbutie quelques mots d'excuse, de repentir, de grâce, seigneur Gérald ! Léonardo le saisit par le bras et l'emmène en lui disant : Ame basse ! oublie-tu que je te protège, et que je saurai te mettre à l'abri des poursuites de cet homme.

Et de son fils sans doute ? s'écrie à son tour le baron qui reprend le courage des lâches, quand ils se croient protégés; car le prétendu marquis d'Arloy ne peut être que le fils de Paola : osez, Gérald, osez dire le contraire ? — Tu mériterais, lui répond Gérald, que je te fisse jeter dans ce précipice, pour manifester de pareils soupçons ! — Amis, qu'on ôte ces deux misérables de mes yeux.

Léonardo remonte à cheval ; le baron en fait autant, et le premier dit à son complice : Que veux-tu, Salavas ! c'est une affaire manquée !

Allons nous occuper d'une autre aussi importante, et dont le succès au moins nous est assuré.

Ils s'éloignent en exhalant un torrent de menaces et d'injures.

Quand ils sont partis, Gérald dit à son fils : La voilà déjouée cette manœuvre dont je te parlais, ce matin ! Mon jeune Georges, qui est d'une adresse à toute épreuve, a su leur beau projet de la bouche même d'un de leurs complices. Nous savions, n'étant encore qu'à Vérone, le jour, l'heure, l'endroit de la route où ils devaient consommer ce noir forfait. J'ai fait un appel à mes amis, et ce sont eux que tu as vûs aujourd'hui, réunis tous dans l'église de Castel-Nuovo. S'il ont paru te témoigner un intérêt, dont tu ne pouvais soupçonner la cause, cet intérêt était bien naturel ; ils savent tous que tu es mon fils ; ils te chérissent autant qu'ils sont attachés à ton père. Ce sont, en partie, les mêmes que tu as vus, une nuit dans l'hermitage, une autre nuit à la fontaine Sainte-Catherine. Tu vois qu'ils forment presque une armée ! Ils nous accompagnaient d'une manière invisible à tes yeux, et marchaient en silence dans ce vallon profond, que nous ne pouvons voir de cette route, sur-tout à l'heure qu'il est. Vernex est avec eux. (*il appelle*) Vernex ?

Vernex se présente, vêtu en Bergamasque.

Gérald lui dit, en souriant : Viens donc rassurer mon cher fils qui paraît conserver toujours des préjugés contre toi et nos amis communs. — Mon père, répond Fidély en rougissant, je ne dis pas... — Tu les connaîtras mieux, mon Fidély ! tu abjureras ces injustes préjugés, et le temps n'est pas loin où ils se dévoileront tout à fait à tes regards. Vernex? je suis content du zèle de nos gens. Qu'ils nous accompagnent, mon fils et moi, de la même manière jusqu'à Milan, où nous arriverons après-demain soir. Là, je n'aurai plus besoin de leurs services, et ils ressentiront tous les effets de ma reconnaissance. Marchons tous ensemble jusqu'à Brescia, et qu'ils se dispersent ensuite; selon leur coutume, pour ne pas donner de soupçons.

Pour ne pas donner de soupçons! Voilà des mots qui intriguent encore Fidély, et qui lui font penser que ces gens là ne peuvent pas être bien purs, puisqu'ils ne marchent jamais qu'isolément et toujours sous de nouveaux déguisemens. Mais il est habitué maintenant aux surprises, aux soupçons de tout genre, et sur-tout à garder le silence sur le peu qu'on lui permet de voir et d'entendre.

La troupe les accompagne en effet, silencieuse et paraissant pénétrée de respect, jusqu'à Brescia, où nos deux pélerins entrent au point du jour, après avoir congédié leurs libérateus.

———

CHAPITRE XVI.

Aux armes ! aux armes !

Ils se reposèrent quelques heures des fatigues d'une nuit aussi orageuse, et reprirent leur route. Il ne leur arriva rien d'extraordinaire jusqu'à Bergame, où ils allèrent coucher. C'est-à-dire que Fidély seul se coucha ; car Gérald, voyant son fils bien endormi, s'habilla, sortit et passa la nuit entière en courses secrettes, au grand étonnement de Fidély qui, se réveillant au point du jour, et ne voyant pas son père, demanda aux gens de l'auberge du Phénix où il était, si l'on avait vu sortir déjà le vieux pélerin, son ami. On lui répondit que le vieux pélerin

était

était parti une heure après son arrivée, et qu'il avait passé la nuit dehors. Fidély, inquiet de sa disparution, craignit d'abord qu'il ne l'eût abandonné ; mais se rappelant le mystère qui l'entourait, plusieurs absences de ce genre qu'il avait faites avant, et sur-tout l'excès de la tendresse de ce bon père pour son fils, il rejeta loin de lui cette idée désespérante.

Il l'attendit néanmoins long-temps encore ; car Gérald ne revint qu'à dix heures du matin. Il paraissait triste, soucieux. Il tendit la main à Fidély et lui dit, en soupirant : Bon jour, mon ami.

Mon père, répondit le jeune homme avec timidité, vous m'avez bien inquiété ! Fatigué comme vous l'étiez hier, qui a pu vous forcer à fuir un repos nécessaire ? — Je.... j'ai eu....

j'ai eu affaire, mon Fidély. Je ne pouvais rencontrer que la nuit les personnes auxquelles je voulais parler. — Que la nuit ! — Oui, oui ; mais partons ; il faut que nous arrivions, ce soir même, à Milan, et nous avons encore du chemin à parcourir.... Tu n'as vu personne ?... Personne n'est venu ?...—Pour vous voir, mon père? Non. — J'attendais Vernex... Son retard m'étonne ! — Vous ne l'avez donc pas vu, cette nuit, Vernex ?— Je t'entends. Tu présumes, suivant ta manière de juger nos amis, que nous avons tenu un nouveau conseil nocturne ? Ce n'est point avec ces excellens amis que j'ai passé la nuit ; je l'ai employée !... plus utilement encore. Tu sauras par la suite...—Oh, sans doute, mon père, la suite me dévoilera bien des choses ! (*il soupire*) mais cette *suite* n'arrive jamais ! — Ce Vernex !... — Vous en êtes bien inquiet ! — Inquiet, non ; seulement, il avait une réponse à me rendre ; une réponse... des plus importantes... Mais partons.

Ils partirent en effet, passèrent l'Adda à Vaprio, et pendant tout le chemin, Gérald resta froid, silencieux, comme un homme dont quelque mauvaise nouvelle aurait comprimé l'ame, affaibli les facultés. Cet état, peu naturel à Gérald, inquiéta à son tour Fidély qui néanmoins garda, à son exemple, le silence, et ne lui adressa plus la moindre question.

Il était dix heures du soir lorsqu'ils entrèrent à Milan. Aussitôt que Gérald eût mis le pied dans cette belle ville, le berceau de son enfance, deux torrens de larmes coulèrent de ses yeux. Il s'arrêta et, prêt à perdre connaissance, il s'appuya sur le bras de Fidély, en lui disant : Voici, mon fils, ma ville natale. Il y a quarante-un ans et six mois que je suis venu ici au monde, pour y souffrir, pour y être le plus malheureux des hommes. Ta mère, l'infortunée Paola, naquit aussi dans cette ville. Notre enfance à tous deux y fut marquée par le bonheur, par tout ce que les dons du hasard peuvent offrir de séduisant.... Pourquoi ce songe heureux n'a-t-il pas duré plus long-temps !.... Me voilà donc revenu à Milan, que je quittai, il y a plus de vingt années, comme un vil criminel, sans espérance d'y jamais rentrer! O mon Fidély! qu'il est doux de revoir sa patrie ! Comme il satisfait l'ame, l'aspect des lieux qui nous ont vu naître! Ce beau clair de lune qui fait ressortir à nos yeux les monumens, les palais, les hautes tours de cette immense cathédrale, tout parle à mon imagination, tout me reporte aux années si tranquilles de ma jeunesse, et cette ville serait désormais pour moi un paradis terrestre, s'il m'était permis encore d'y retrouver ma chère Paola!... Au surplus, mon fils, je te l'ai dit et je te le confirme ; c'est ici le terme de nos courses vagabondes, de nos déguisemens et de toutes nos terreurs ; du moins, j'ose l'espérer. Une seule me tourmente encore, et, si elle est fondée malheureusement, ce sera moi, moi seul qu'il faudra accuser!.. Comment, avec mon expérience, ai-je pu commettre une pareille imprudence!... Mais, voyons, voyons Vernex. S'il m'a manqué à Bergame, il doit se retrouver ici, sur la place du Dôme, où il a son domicile Georges y sera au moins, et nous saurons quelque chose... Vois-tu, mon fils, que cette ville est déjà presque en état de guerre. Il semble que nous soyons au milieu du jour, tant il y a de gens qui vont et qui viennent! A mesure que nous avançons dans les rues, nous trouvons, pour ainsi dire, à chaque pas, des casernes, des corps-de-garde, des sentinelles, des piquets de soldats. C'est qu'on n'a pas un moment à perdre pour repousser l'agression des Impériaux, qui ont déjà fait beaucoup de ravages dans les contrées voisines de celle-ci. Conservons encore nos habits de pèlerins jusqu'au logis de Vernex où nous allons nous rendre de ce pas. Dans un pays, dévot comme celui-ci, nous paraîtrons moins suspects que si nous étions couverts d'autres vêtemens. Au surplus, si l'on nous arrête, je saurai ce qu'il me faudra dire pour nous tirer d'affaire.

La crainte de Gérald était fondée; car, au détour d'une rue, une sentinelle le força, ainsi que son jeune compagnon, à entrer dans un corps-de-garde. Qu'allez-vous faire, mon père, dit tout bas Fidély ? est-ce encore le nom d'*Il Sosio* qui va nous sauver ?

Gérald lui répondit de même : Je m'en garderais bien ! ici, je ne suis plus que Gérald; *Il Sosio* n'existe plus.

Gérald dit deux mots à l'oreille du commandant du poste, et lui montre un papier à l'appui de son assertion. Le commandant lit ce papier avec respect, le rend à Gérald en lui faisant un salut des plus humbles, et, pour lui éviter le désagrément d'être arrêté de nouveau par d'autres factionnaires ou par des patrouilles, il lui donne par écrit une espèce de sauf-conduit que Gérald serre soigneusement, sans le montrer à son fils.

Ce fils est bien étonné quand il voit ce commandant les reconduire, avec les plus grands égards, jusque dans la rue. Cet officier veut même balbutier quelques mots. Gérald se permet de lui fermer la bouche avec deux doigts, et en lui faisant un signe impératif, comme pour lui ordonner le silence.

Il marche avec son fils, et tous deux arrivent enfin à la place du Dôme, où ils entrent dans une maison d'une très-belle apparence. Vernex ni Georges n'y étaient pas; mais un vieux serviteur, qui jette un cri de surprise, tombe aux genoux de Gérald et pleure de joie en le voyant de retour.

Bertolio, lui dit Gérald, je vous ordonne le silence sur tout ce que vous pouvez savoir de moi, devant ce jeune homme, comme devant qui que ce soit. Je suis Gérald ici, de même que votre maître s'appelle Vernex. Faites-nous souper, et qu'on nous prépare des lits ; nous sommes si fatigués !...

Bertolio se lève et sort pour donner les ordres nécessaires. Gérald paraît toujours très-inquiet de l'absence de Vernex. Il dit peu de choses pendant le repas du soir ; puis, comme il a passé deux nuits sans se reposer, il monte avec Fidély dans une très-belle pièce à deux lits, et tous deux se livrent aux douceurs du sommeil.

Fidély, en se réveillant, ne voit plus son père auprès de lui. Il sonne. Bertolio paraît : Que veut monsieur, dit le vieillard dont la figure est aussi respectable que bonne et franche?

— Gérald serait-il sorti, cette nuit?

— Oh non, monsieur. Le seigneur Gérald est dehors, il est vrai ; mais il n'y a pas une heure de cela. Il m'a ordonné de vous dire qu'il serait de retour avant midi. — L'absence de son ami Vernex l'inquiette beaucoup!

— Oh, monsieur, notre maître sera ici ce matin. Monsieur son fils, ce cher Georges que j'ai élevé et qui est gentil à croquer, est déjà de retour. Il est là-bas. Son père ne tardera pas. Oh, nous allons être tous bien heureux!.... — Bien heureux, bon Bertolio!

Fidély soupire et remarque que le vieillard, en le regardant fixement, paraît s'attendrir peu à peu. Les yeux de cet excellent homme se remplissent de larmes ; elles tombent sur sa poitrine. Il a l'air de comprimer une foule de sentimens qui se succèdent dans son cœur et se peignent dans ses regards touchans. Il élève même ses deux mains et les croise sur sa tête, comme s'il se disait : O mon Dieu, quel bonheur pour moi de voir ce jeune homme !

Qu'avez-vous, lui demande Fidély ému à son tour? Bon vieillard, qu'éprouvez-vous? vous avez l'air d'avoir du chagrin ? — Bien au contraire, monsieur Fidély ! Dieu m'est témoin que je n'ai jamais été si heureux qu'en ce moment ! — Comment cela? pour quel sujet ? — Je sors, monsieur Fidély ; ma langue pourrait commettre quelque indiscrétion. Recevez l'assurance de mon profond respect et de mon éternel attachement.

Bertolio se retire, en marmottant tout bas : Je l'ai vu ; je l'ai donc vu ! Oh, je peux mourir à présent !

Fidély comprit que ce vieillard savait qu'il était le fils de Gérald, et que la vue du fils du meilleur ami de son maître faisait, sur son cœur sensible, une bien douce impression ; mais pourquoi faisait-il un secret de cette connaissance ? pourquoi craignait-il de commettre *une indiscrétion ?* et de quel genre ?... On lui avait recommandé le secret, apparemment. Tout le prouvait d'après les premiers mots que Gérald avait adressés, la veille au soir, à ce fidèle domestique. Allons, se dit Fidély, ajoutons ce mystère à tous ceux dont je suis entouré, et attendons que le temps permette au plus impénétrable de tous les hommes de se dévoiler.

Cet homme, qui était effectivement

tout secrets, arriva enfin, et, presque en même temps que lui, on vit entrer Vernex. Te voilà donc, dit Gérald à ce dernier : M'as-tu fait assez attendre, à Bergame, ici ? — Je vous expliquerai, répondit Vernex, la cause de ce retard. Elle n'a été qu'utile à votre affaire. Raffermissez-vous; tout va bien. — Eh ! mon ami, je le sais, répliqua Gérald, rayonnant de joie. Je viens de faire des courses.... J'ai vu ! j'ai vu tout le monde !... Je triomphe enfin ! Je veux dire que je triompherai, il n'y a pas de doute; car la tâche qui m'est imposée maintenant est des plus faciles pour un homme d'honneur !... Nous... nous causerons de cela nous deux, en tête à tête... Mais, mon ami, j'ai un grand reproche à me faire ! Tu me vois pénétré de regret de l'imprudence la plus coupable !...

Gérald, qui était entré riant et gai, devient tout à coup sombre, triste, et soupire comme un homme dont le cœur est oppressé d'un grand fardeau. Vernex, étonné, lui demande timidement si l'imprudence dont il parle est de nature à être révélée devant Fidély. — Hélas ! répond Gérald, elle concerne cet infortuné jeune homme, il faut bien qu'il l'apprenne.

Fidély écoute avec la plus grande attention ; Gérald continue : Vernex ! la quantité d'affaires qui nous ont occupés depuis Ferrare, m'a empêché de t'apprendre un fait singulier et de te consulter. Tu m'aurais éclairé et je n'aurais pas fait une pareille faute. Ne m'interromps pas. Le comte et le colonel de Sessi, qui furent, comme tu te le rappelles, mes anciens amis, viennent à moi, à Ferrare;

ils me témoignent un intérêt, un dévouement sans bornes; ils me conjurent de les employer à quelque chose qui puisse m'être utile; ils se jettent, pour ainsi dire, à mes pieds pour me décider à leur permettre de me rendre quelque bon office; ils prétendent m'en avoir déjà rendu et m'en citent quelques-uns auxquels j'ai la faiblesse de croire! Je deviens complettement leur dupe; je leur donne une lettre de moi, apostillée par Fidély, pour aller chercher la marquise d'Arloy, sa chère Inésia; pour amener enfin, de ma part, ces dames à Milan : ils me jurent sur l'honneur qu'ils les conduiront ici, dans leur hôtel. Ils partent... Juge de ma surprise! on m'apprend à Bergame que ces misérables sont les lâches complaisans de mon ennemi Léonardo; que leur liaison avec ce méchant et leurs propres vices ont fait chasser de Milan ces perfides frères Sessi... et je viens de me convaincre tout-à-l'heure de cette triste vérité, en passant à leur hôtel, qui n'est plus à eux, dont ils ont été expropriés, et qui appartient aujourd'hui à un autre particulier. Qu'en dis-tu ?

Fidély, au comble de l'inquiétude, s'écrie : O ciel ! quoi, mon père !....

Gérald l'interrompt en lui disant : Laisse parler Vernex, mon cher fils; qu'il me confirme ce qu'on m'a dit.

Vernex répond : Comment, seigneur Gérald, ne m'avez-vous point parlé de cela ? Les frères Sessi sont tombés, depuis deux ans, dans la disgrâce la plus complette. Quelque jour, je vous raconterai leur scandaleuse histoire. Qu'il vous suffise de savoir que, ruinés, criblés de dettes,

ils

ils n'ont été et ne sont encore soutenus que par Léonardo, dont ils servent les passions et les coupables intrigues. Léonardo les aura employés pour enlever encore Inésia, qui sans doute est aujourd'hui en son pouvoir.

O malheur affreux ! réplique Fidély. Mon père, qu'avez-vous fait ? que n'avez-vous cédé, cette fois, à mes trop justes pressentimens ! Vengeance ! vengeance, contre ce misérable Léonardo ! Mon père, où le trouver ? Vous connaissez son asile ; je vais, je cours !... — Mon fils, arrête ! arrête, te dis-je ! J'ai fait le mal, je dois le réparer. Ces frères Sessi ! abuser ainsi de ma confiance ! Les hommes ! ah, les hommes sont bien affreux !... Il n'y a pas de doute que la marquise, que sa fille adoptive, voyant mon écriture, la tienne !

Dans quel piége abominable je les ai fait tomber !... Ces méchans frères sont si insinuans, si adroits !... Elles les auront suivis... Je te jure, mon Fidély, que je vais tout employer pour savoir ce que sont devenues ces femmes infortunées... Tremble, Léonardo ! je t'arracherai tes victimes, et, si le ciel est juste, ta punition sera exemplaire !... Tu pleures, mon cher fils ! tu accuses ton père ! Oh, crois qu'il est désespéré de te causer ce nouveau chagrin... ce sera le dernier, je l'espère. Vernex, Georges et d'autres de mes amis vont se mettre en campagne pour découvrir les objets de ton affection, et je te promets, sur l'honneur, que je te les rendrai. Tu sais que je tiens ma parole. Celle-ci est aussi sacrée pour moi que celles que je t'ai déjà données.... Embrasse-moi, mon fils, et prépare-toi à entrer dans une autre carrière, plus noble, plus honorable que celles que la nécessité t'a fait une loi de parcourir jusqu'à présent. Vernex? donnez-moi ce que vous savez.

Vernex ouvre une armoire; il en tire deux uniformes, donne l'un à Gérald et offre l'autre à Fidély.

Fidély, étonné, s'écrie: Que veut dire ceci, mon père? — Que nous ne sommes plus, mon fils, ni mendians, ni hermites, ni pélerins. Dès ce jour, nous prenons le métier des armes, et nous entrons, comme tous les braves de ces contrées, dans la lice de l'honneur et de la gloire qui est ouverte devant nous. Tout le monde ici prend les armes; serons-nous les derniers à répondre au noble appel que Philippe fait à tous les Milanais! Combattons les ennemis de notre prince; illustrons-nous par quelque action d'éclat, ou mourons pour sa défense. Est-il un sort plus brillant ! et ton père avait-il raison de t'annoncer que tes malheurs allaient finir ! Revêts-toi, mon ami, de l'honorable habit de guerrier ; ton père va imiter ton exemple ; tu ne quitteras jamais à l'avenir ce père qui te chérit ; tu combattras sans cesse à ses côtés. De ta valeur, de la mienne, dépend maintenant le dénouement de mes longues et douloureuses aventures ; c'est te dire assez que je compte sur ton courage, comme tu dois compter sur les promesses de ton père, qui te prépare un sort digne d'envie, et dont tu jouiras bientôt ! — Oh, mon père ! Inèsia !... — Nous ne l'oublierons pas. La gloire d'abord, l'amour après ; il en sera la digne récompense.

Bertolio et un autre domestique

furent mandés ; ils aidèrent le père et le fils à faire leur toilette militaire. Chacun d'eux fut bientôt revêtu d'un élégant uniforme, et Gérald, ainsi que Vernex, admirèrent la taille et la jolie figure de Fidély, dont le chapeau à long plumet faisait ressortir les traits séduisans.

Quand ils furent prêts, Gérald, ayant congédié les domestiques, dit à son jeune homme : Allons, mon fils, partons.— Où allons-nous, mon père ?— Visiter d'abord notre commandant, et ensuite... — Ensuite ? — Tu le sauras, mon cher fils, tu le sauras !

FIN DU TROISIÈME VOLUME.

TABLE DES CHAPITRES

Contenus dans ce III.ᵉ volume.

	Pages
Chapitre Iᵉʳ. *Egarement, confusion.*	1
Chap. II. *Les deux Pélerins.*	29
Chap. III. *Encore des visites suspectes.*	66
Chap. IV. *La Rose et la Grotte Mystérieuses.*	83
Chap. V. *Consolations pour une tendre mère.*	110
Chap. VI. *Consolations aussi pour un amant.*	125
Chap. VII. *Effets bizarres d'un nom magique.*	134
Chap. VIII. *Une belle captive est délivrée.*	163
Chap. IX. *Que va-t-on penser du vieux Pélerin!*	181

CHAP. X, plus obscur que tous les autres. 202

CHAP. XI. Personnages nouveaux. Affront fait à un méchant. 221

CHAP. XII. Ces gens là sont-ils bien francs ? 256

CHAP. XIII. Explication, franchise et confiance. 275

CHAP. XIV. Accident en voyage. 299

CHAP. XV. Autre accident, qui n'aura pas les mêmes suites. 320

CHAP. XVI. Aux armes ! aux armes ! 336

Fin de la Table du III.ᵉ Volume.

www.ingramcontent.com/pod-product-compliance
Lightning Source LLC
Chambersburg PA
CBHW070842170426
43202CB00012B/1916